Kertoja

Esa Lalli

Pamfletti

Hämmästyttävät tarinat.

© 2020 Esa Lalli

Kustantaja: Books on Demand GmbH, Helsinki. Suomi

Valmistaja: Books on Demand GmbH, Norderstet, Saksa

ISBN: 978-952-802-173-5

Kerron tässä kirjassani monenlaisia tarinoita jotka hämmästyttävät minua. Jospa aloitamme aivan maailmankaikkeuden tarun alusta ja myöhemmin jatkamme nykypäivän ja tulevaisuuden ilmiöillä.

Maailmankaikkeuden alku tai aluttomuus.

Katselin televisiosta ohjelmaa: "Kuinka maailman kaikkeus toimii". (How the universe works) Se on pitkä ja moniosainen sarja.

Sen yhdessä osassa tiedemies tai sellaisena esiintyvä näyttelijä piti sorniensa välissä pientä pöytätennis pallon kokoista palloa ja selitti että, näin pienestä pallosta sai alkunsa koko ääretön maailmankaikkeus yhdellä suurella pamaksella.

Mutta hän ei kertonut sitä että, kuinka se pieni pallo oli syntynyt. Joten ei se pieni pallo voinut olla "alku" mihinkään. Kyllä sillekin on oltava joku järjellinen kehitys kulku.

Paljon aikaisempi selitys oli sellainen jossa: "Aluksi ei ollut mitään, ei aikaa, avaruutta, tilaa, ei ainetta eikä energiaa". Kuitenkin tapahtui tässä ehdottomassa olemattomuudessa aivan yllättäen niin valtava räjähdys ja sen seuraksena syntyi maailmankaikkeus.

Ehkä tiedemiehet huomasivat itsekin tämän selityksen ontuvan niin pahasti että luopuivat siitä ja keksivät tilalle tänän pöytätennispallo teorian.

Koska huomasivat että, "Tyhjästä on paha nyhjästä"

Koska en minä ja oletettavasti ei kukaan muukaan voi tietää varmasi miten kaikki on saanut alkunsa, joten voin itse esittää minkälaisen teorin vain, samoin kuka tahansa, koska kukaan ei voi sitä todistaa todeksi tai väittää sitä valheeksi.

On paljon helpompi yksinkertaisesti todeta että, maailman kaikkeus on aina ollut ja tulee aina olemaan.

Tämän ajatysmallin mukaan voisimme päätellä että, jos havaitsemme maailman kaikkeudessa jotain meille uutta ja outoa tapahtuvan, niin se tuskin on mikään ainutkertainen, vaan niin voi olla tapahtunut jo äärettömän monta kertaa ja tulee tapahtumaan tulevaisuudessa äärettömän monta kertaa.

Sillä maailman kaikkeudessa ajalla ei ole mitään merkitystä, se on vain ihmisten apuväline. Tämä ajatusmalli johtaa siihen päätelmään että, "alkuräjähdyksiä" on ollut useita ja tulee vastaisuudessakin tulemaan.

Koska maailmankaikkeus on ääretön, niin vaikka kaukaisuudessa olisi tapahtunut myös "alkuräjähdys", niin emme saa siitä koskaan mitään tietää.

Aikaisemmin oletettiin että, maailmankaikkeudessa olisi laajoja tyhjiä alueita.

Ehkä leikkimielisestä tai uteliaisuuttaan tiedemiehet suuntasivat voimakkaan teleskoopin tyhjäksi luulemaansa alueelle. Hämmästyen huomasivat että, esille tuli monia galakseja ja aurinkokuntia, joten avaruudessa ei ollutkaan aukkoja vaan omissa tiedoissamme.

Maailmankaikkeutta hallitsee kaksi jumalaa: toinen on hyvä järjestyksen jumala ja toinen on paha kaaoksen jumala. Ne tarvitsevat toinen toisiaan. Sillä kaaoksen tuhotessa tähtiä, galagseja ja niin edelleen, niin se ei ole mikään loppu vaan se on samalla myös uuden alku, sillä mitään ei mene hukkaan eikä häviä, vaan niistä rakentuu aikanaan jotain uutta.

Myös eräät idän uskonnot ovat sisäistäneet tämän ajatuksen ja esittävät sen "Jin ja Jang" kuviona jossa ympyrän sisällä on kaksi toisiaan seuraavaa kuviota, musta ja valkoinen, aivankuin kaksi nuijapäätä.

Siihen sisältyy myös ajatus että, molemmat Jumalat on kaikkialla ja niin myös jokaisen ihmisen sisällä.

Silloin ei tarvita mitään ulkopuolista jumalan palvelu paikkaa. Eikä tarvitse kumartaa mihinkään, sillä jos kumartaa yhteen suuntaan, niin samalla pyllistää toiseen suuntaan. Minä en halua pyllistää Jumalalle.

On rakennettu lähes kilometrin korkuisia rakennuksia. Ylimmän kerroksen asukas ei ole yhtään lähempänä Jumalaa kuin alakerran asukaskaan.

Kun joku väittää että, Jumala puhuu hänelle tai hänen kauttaan, niin se on useimmilla ihmisillä oleva omantunnon ääni joka varoittelee tekemästä vääryyksiä ja syntejä.

Se voi olla myös keino todistella omat näkemykset ehdottomaksi totuudeksi.

Mutta on myös ihmisiä joilta tämä omantunnon ääni puuttuu kokonaan tai se on liian vaimea. He myös voivat perustella tekojaan Jumalan määräyksinä, jolloin he itse ovat aivan viattomia.

Mutta tätä "Jumala puhuu" teema on myös valjastettu kaupallisiin tai rahankeruu toimintoihin. Joskus kauan sitten kirkko myi aneita joilla sai ostettua syntinsä anteeksi.

"Kun raha kirstuun kilahtaa, niin sielu taivaaseen vilahtaa".

Jumalan nimessä myös Inkvisitio kidutti ja murhasi ihmisiä, jotka olivat katolisen kirkon mielestä vääräoppisia tai "toisinajattelijoita" jotka eivät aina hyväksyneet kirkon dokmeja.

On ollut ikiaikainen käytäntö, jossa "Jumalan" nimissä on tehty ryöstömurhia ja rikoksia ihmisyyttä vastaan. Se on olut selvästi pahuuden "Jumalan" tekosia.

Eri uskonnoissa ja kielissä sille on annettu lukuisia erilaisia nimiä. Myös hyvyyden Jumalalle on annettu monta erilaista nimeä. Islamissa on 99 erilaista nimeä.

Jotta ette pitäisi minua pelkästään tosikkona, niin kirjoitan tämän lorun ja muutaman sadun tosikkomaisten tarinoiden väliin keventämään tunnelmaa. Mitä teille tulee mieleen sanasta "killutin"?

Sauna

Saunassa kuumaa,
sünäpä huumaa.
Heittipä löylyä vielä kerran,
sünäpä küre tuli herran.
Sangosta vettä
päällensä kaataa,
vesi on kylmää,
sütä hän mylvää.
Eukko jo huusi,
tuki jo suusi.
Eukko jo rientä,
kahvia keittää,
ukkonsa killuttimetkin
hän peittää

Levantti:

(Tämä lukukappale perustuu osin WikipediA:sta keräämiini tietoihin ja osin mielikuvitukseeni, joten en voi kaikkea todistaa todeksi. Tämä tarina on kuitenkin tärkeä jotta saisimme oikeanlaisen taustan tämänpäivän tapahtumille.).

Levantin määritelmä on epätarkka, tulkitsijasta riippuen. Sen rajoina pidetän Välimerta lännessä, Taurusvuorta pohjoisessa, Eufrat jokea koilisessa (joidenkin mielestä se on voinut ulottua Persian rajalle saakka), Arabian autiomaita kaakossa ja Siinain niemimaata lounaassa. Myös Siinai usein lasketaan kuuluvan siihen. Levantti eli Lähi-Itä on eurooppalainen käsite. Englannin kielessä se on Keski-Itä (Middle-East).

Levantti on esihistoriallisena aikana toiminut tärkeänä alkuihmislajien kulkureittinä. Viimeisen jääkauden loputtua (n. 20,000 vuotta sitten) syntynyt kulttuuri oli seudulla hyvin varhaista hedelmällisen puolikuun länsiosassa. Ihmissuku on voinut syntyä jo paljon aikaisemmin. Kirjassa "Elävä maailman historia" ISBN 951-1-20444-0 kerrotaan että ihmissuku on voinut alkaa jopa viisi miljoonaa vuotta sitten.

Raamattu kertoo että, Aadam oli ensimmäinen ihminen jonka Jumala loi maantomusta ja Eeva syntyi hänen kylkiluustaan.

He saivat kolme poikaa Eedenin puutarhassa. Sitten kun Jumala heidät karkoitti Eedenistä syntiinlankeemuksen seurauksena, niin he menivät vieraan kansan luokse josta heidän poikansa löysivät vaimot itselleen ja siten ihmiskunta sai alkunsa.

Toisin sanoen Aadam perheineen oli ensimmäinen maailman historiassa dokumentoitu pakolainen / maahanmuuttaja.

Tästä voisimme päätellä että, maailman historiassa saattaa olla monia muitakin mielikuvituksen voimalla keksittyjä dokumentteja.

Kun taas tiede selittää että, ensimmäiset ihmisapinat laskeutuivat puista Afrikassa.

Mutta kuinka ovat syntyneet eripuolilla maailmaa asuneet alkuperäiskansat, kuten amerikan mantereella, australiassa, mongoliassa, afrikassa ja niin edelleen? Monet ihmisrodut näyttävät kovin erilaisilta, ollakseen vain yhdestä populaatiosta lähtöisin.

Oletettavasti jääkauden loputtua pienet ihmispopulaatiot olivat keräilijä-metsästäjä kansaa.

Vähitellen myös alkoivat oletettavasti paimentamaan lampaita ja vuohia, ehkä myös muutakin karjaa.

Aina kun kaksi tai useampi muodostaa jonkinlaisen ryhmän, niin aina joku ryhmän jäsen alkaa pomottamaan muita, vaikka hänen johtajan kykynsä ei olisikaan parempi kuin muiden.

Mutta hänellä on synnynnäinen vallanhimo ja vahva luulo että, hän on jotenkin parempi kuin muut.

Kaikilla muilla ei sellaista aina ole, vaan ovat jopa mielissään siitä että, joku huolehtii heistä.

Näin kehittyi vähitellen suuria syöpäläisiä jotka alkoivat loisimaan toisten kustannuksella.

Koska pelko ja pakoreaktio kuuluu kaikille eläimille alkusyntyiseksi selviytymis keinoksi, niin pelon kompensoimiseen tarvitaan jotain rauhoittavaa ja lohdullista.

Niinpä ihmiset alkoivat luottamaan taikauskoihin ja yliluonnollisiin voimiin, ehkä sillä tavalla löysivät elämäänsä erilaisia jumalia, joita hallitsijat keksivät käyttää hyväkseen väittämällä käskyjensä olevan Jumalan määräys.

Koska ihmiskunta on aina ollut sen alusta asti ahneita ja kateellisia toisten omaisuudesta, niin alkoivat tekemään ryöstöretkiä muihin populaatioihin.

Ne jotka eivät antaneet suosiolla omaisuuttaan, niin ne murhattiin armotta.

Vaikka ryöstöretkellä olisi ollut suurempikin porukka, niin porukan johtaja ahneudessaan omi kaikkien ryöstösaaliit itselleen väittäen että ryöstösaalis kuuluu ainoastaan Jumalalle ja hänen valitsemalleen johtajalle.

Koska Jumala omistaa koko maailmankaikkeuden, niin ei hän tarvitse mitään ryöstösaaliita, joten ne kaikki jäi johtajan omaisuudeksi, niitä ei jaettu muille.

Kaikki tyrannihallinnot toimivat näin, joten ne ovat suunnattoman suuria loisivia syöpäläisiä, jotka elävät ylellisyydessä kansan kustannuksella.

20,000 ja 10,000 vuoden välisenä aikana ihmiset keksivät jonkinlaisen kirjoitustaidon jolla saivat merkittyä muistiin tärkeäksi kokemiaan asioita. Niitä kirjoitettiin savitauluihin ja ruukkuihin nuolenpää kirjoituksella. Sellaisia savitaulujen ja ruukkujen palasia ovat argeologit löytäneet noin 10,000 vuoden takaa.

Niissä on ollut mainintoja maanviljelysä. Maanviljely on voitu keksiä jo tuhansia vuosia aikaisemmin, vaikka niistä ei löydy mitään dokumentteja. Maanviljelyn myötä myös karjan ehdoilla vaeltaminen vähentyi, mutta ei loppunut kokonaan, koska vieläkin on vähäisessä määrin paimentolaisia muutamissa maissa, varsinkin afrikassa.

Historiallisen ajan alkupuolella ei syntynyt yhtenäisiä valtioita. Alueen kansat olivat jakautuneet pieniin heimoihin, joita nimitettiin yhteisnimellä "kanaanilaiset".

Alueelle tunkeutui länsiseemiläisiä amorilaisia paimentolaisia, jotka asettuivat nyt Israelina tunnettuun maahan.

Juutalaisten Isä Aabraham oli lienee saapunut kanaaninmaahan joskus 2100 eaa. tai vähän myöhemmin, kuitenin ennen vuotta 2000 eaa. ja on saattanut olla amorilainen. Joten Aabraham on saattanut olla amorilaisten johtaja. Siitä voimme päätellä että, juutalaiset ovat alkujuuriltaan amorilaisia.

Samoihin aikoihin seudulle muutti myös muita seemiläisiä kieliä puhuvia kansoja idästä ja arabiasta.

Saul oli **Israelin** ensimmäinen kuningas noin 1025–1005 eaa. Israelilaiset muodostivat oman etnisen ryhmänsä, mutta eivät yhtä valtakuntaa. Hänestä tuli kuningas kun hän kävi sotaa ammonilaisia vastaan.

Daavid oli Juudan toinen kuningas 1012–1005 eaa. koko Israelin kuningas 1005–972 eaa. Hän oli Juudansukukuntaan kuuluva Iisain poika ja kuningas Salomon isä.

Daavid oli merkittävämpiä kuninkaita ja hän aloitti uuden vaiheen Israelin historiassa.

Daavid teki Jerusalemista maan pää-kaupungin ja yhdisti suurimman osan Syyria-Palestiinan aluetta yhdeksi valtioksi. Daavid on tullut kuuluisaksi myös Goljatin voittamisesta ja yli puolet Psalmeista on nimetty hänen mukaansa. Daavid kuoli 965 eaa. Islamin mukaan Daavid oli profeetta. Raamatun mukaan Daavid teki Israelista sotaretkillään suurvallan.

Salomo oli yksi Israelin kuningas Daavidin monista pojista. Salomo oli Israelin kolmas kuningas ja hän sai Daavidilta suuren perinnön. Salomo oli ennen kaikkea Israelin rakentaja kuningas. Hän rakensi mm. uuden palatsi-alueen, jonka sisäpuolelle tuli kuuluisa temppeli, jonne mm. liitonarkku sijoitettiin. Salomo muistetaan mm. viisaudestaan. Tästä esimerkkeinä Salomon tuomio ja Sananlaskujen kirja, jonka teksteistä suuri osa on omistettu hänelle. Salomo kuoli vuonna 922 eKr.

(Vaikka kerrotaan kuninkaista ja muistakin hallitsijoista mainiten heidän suurista rakennus projekteistaan, niin totuus on kuitenkin sellainen että, tuskimpa kuningas tai muukaan hallitsija on laittanut tikkuakaan ristiin, vaan on määrännyt kansalaisensa ja orjansa rakentamaan hänen unelmansa. Useinkin kansalaiset ja orjat olivat lähes sama asia.)

Noin vuonna1500 eaa. Egyptin farao Thutmosis III valloitti koko Levantin käymällä useita sotia.

Noin 200 vuoden kuluttua pohjoisen heettiläisvaltakunta alkoi sotimaan Egyptiä vastaan 1274 tai 1275 eaa. ja valloitti suuren osan Syyriasta.

Kadesin sodassa ei kumpikaan saanut selvää voittoa, joten maat sopivat rauhansopimuksen jossa niiden välinen raja tunnustettiin.

Assyyrialaiset tulivat idästä ja heettiläisten valta heikkeni pian. Noin 1100 eaa. vuotta sitten heettiläiset tuhoutuivat lännestä tulleiden merikansojen hyökkäykseen.

Merikansat hyökkäsivät myös Egyptiin ja mahdollisesti muihinkin pohjoisafrikan maihin, koska he olivat välimeren herroja. Kuitenkin Egypti onnistui täpärästi torjumaan ne, mutta menetti kaikki alueensa Levantissa.

Israelin kansa syntyi, kun joukko keskenään sukua olevia heimoja liittyi Kanaanin maassa yhteen ja muodostivat liiton.

Tämä tapahtui noin vuonna 1000 eaa. se on nimetty Ensimmäisen temppelin eli Salomon temppelin kaudeksi.

Myöhemmin se jakautui kahteen kuningas-
kuntaan, Israeliin, joka käsitti kummenen poh-
joista heimoa ja etelän Juudean heimoon.

Mitä olivat merikansat?

Merikansat olivat eteläeurooppalaisia välime-
ren kansoista muodustuneita merenkulkijoita,
jotka kävivät kauppaa ja sotia koko välimeren
alueella. Uhaten jopa Egyptiä. Ehkä suurin osa
niistä oli kreikkalaisia joilla oli omat antiikista
tunnetut jumalat. Joku on verrannut heitä muös
viikinkeihin, samantapaisten toimien tähden.

Katso WikipediA "Viikinkiaika", siinä on kartta
josta näkyy viikinkien valloitusretkien reitit myös
välimerelle noin vuosilta 800-1100. tosin tässä
on noin 2000 vuoden aikaero.

Merikansoista Filistealaiset perustivat kiinteitä
basaareja eli kauppahuoneita nykyisen Gazan
kaistaleelle, joka oli monien kauppareittien
solmukohtana. Heitä asettui asumaan myös
muuallekin Välimeren itärannikolle.

Erityisesti on huomattava etteivät filistealaiset
olleet arabeja, ei myöskään persialaiset.

Samoihin aikoihin myös seemiläinen
heimo, juutataiset saapuivat nykyisin tunne-
tun Palestiinan alueelle.

Foinikkialaiset jotka kutsuivat itseään kanaa-
nilaisiksi, olivat jo satavuotta aikaisemmin asut-
taneet nykyisen Libanonin alueen, ollen jonkin-
aikaa välimeren merkittävin valtio. Tärkein kau-
punki oli Karthago.

Noin vuonna 800 eaa. Assyyrian valtakunta
levittäytyi länteen ja valloitti koko Levantin.

Kun Assyyria heikentyi, niin sen paikan ottivat
Babylonialaiset.

Persia valtasi Babylonin noin 530 eaa. Per-
sialaisvalta kesti 200 vuotta, kunnes Aleksanteri
Suuri kukisti heidät vuonna 332 eaa.

Persialaisten uskontona oli zarathustralai-
suus.

Näitä kreikkalaisten valloitusretkiä seurasi
Levantissakin hellenistinen aika. Sen poliit-
tinen yhtenäisyys lakkasi pian noin vuoteen 100
eaa. mennessä.

Sen jälkeen saapuivat roomalaiset joka liitti
Levantin rooman valtakuntaan noin 360 vuo-
deksi, mutta jo 200 luvulta alkaen se ajautui
kriisiin, jossa sen yhtenäisyys alkoi rakoilla.

Osittain Rooman tuella 140 luvulla eaa.
Juutalaisvaltio itsenäistyi, ja useita vuosikym-
meniä selukideja vastaan kestäneen taistelun
seurauksena **juutalaiset saivat lopulta poliit-**

tisen vallan koko Palestiinassa. Valtakunta oli yhtäsuuri kuin Daaviden valtakunta aikoinaan.

On huomattava että, myös Israelissa saattaa olla vieläkin ihmisiä jotka haaveilevat Daavidin aikaista valtakuntaa, kuitenkin he ovat vain pieni vähemmistö.

Kuitenkin Rooman valtakunta valloitti maan Pompeiuksen johdolla vuonna 63 eaa. ja myöhemmin roomalaiset nimittivät vasallikuninkaaksi Herodeksen.

Vuonna 6 jaa. keisari Augustuksen hallituskaudella Juudeasta tuli Rooman provinssi. Eikä se enään ollut Syyria käskynvallan alainen.

Vuoden 260 jälkeen syyrialainen kaupunkivaltio Palmyra voimistui nopeasti ja irrottautui Rooman vallasta. Sen kuningatar Zenobia yritti perustaa koko Välimeren itäpään käsittäbän itsenäisen valtion.

Babyloniassa juutalaisten elämä oli helpompaa. Keisari Diocletianuksen aikaan (284–305) tultaessa juutalaisuuden keskus oli jo siirtynyt Babyloniaan.

140-luvulta lähtien juutalaisilla oli Persian kuninkaan tunnustama *eksilarkki*, joka vastasi hyvin pikälle Palestiinan ylipappia.

Eksilarkilla oli oikeus kantaa veroja, nimittää tuomareita ja edustaa kansaa kuninkaan edessä. Eksilarkki ei kuitenkaan ollut uskonnollinen tai lainopillinen vallanpitäjä.

Vuonna 226 sassanidit syrjäyttivät *arsakidien dynastian* vallasta Babyloniassa. Tämä hieman rajoitti juutalaisten vapauksia, mutta käytännössä juutalainen laki säilyi juutalaisten elämää ohjaavana "voimana".

Toinen juutalaisten kannalta kielteinen kausi sijoittui 400-luvulle, kun synagogia ja akatemioita suljettiin ja muun muassa juutalaisia lapsia pakkokäännytettin zarathustralaisuuteen.

Myös Babyloniassa rabbiinien oppineisuus kukoisti. Tunnetut opettajat opettivat kouluissa Raamattua ja Palestiinasta tuotua Mishnaa. 500-luvulla valmistui *Babylonian Talmud*, joka myöhemmin syrjäytti arvovallallaan Palestiinan Talmudin.

Rooma onnistui kuitenkin voittamaan Palmyran ja seuraavan vuosisadan aikana tapahtuneessa imperiumin kahtiajakautumisessa Levantti jäi osaksi voimakkaampaa itäistä puoliskoa.

Vuonna 395 alkoi Itä-Rooman, eli myöhemmin Bysantiksi nimetty valtakausi. Siitä alkoi Bysantin ja persialaisten sassanidien välinen valtataistelu.

Keisari Justinianus (527-565) tiukensi juutalaislakeja ja Juutalaisia alettiin pakkokeinoin kännyttämään kristityiksi.

Vuonna 603 alkaneessa sodassa sassanidit saavuttivat yhä suurempia voittoja ja kykenivät 610 luvulla valtaamaan koko Levantin, Egyptin ja Vähän-Aasian.

Bysantin keisari Herakleos ajoi tämän jälkeen persialaiset takaisin Lähi-Itään, jossa vuonna 627 tuhosi heidän armeijansa ja Bysantti sai itäiset alueensa takaisin.

Bysantin voitot jäivät kuitenkin lyhytaikaiseksi, sillä jo vuonna 634 hyökkäsivät arabit etelästä käsin molempien sodan uuvuttamien valtakuntien kimppuun.

Muutaman vuoden kuluessa arabit pystyivät kukistamaan koko sassanidi valtakunnan ja valtaamaan merkittävän osan Bysantista, vuoteen 642 mennessä bysanttilaiset olivat jälleen menettäneet koko Levantin ja Egyptin, tällä kertaa pysyvästi.

Arabit liittivät valloittamansa alueet kalifaattiinsa ja levittivät niille islaminuskoa, joka nousikin Lähi-Idässä nopeasti valtauskonnoksi.

Muutaman vuosikymmenen kestäneen kiihkoislamilaisen "pyhässä sodassa" miekan voimalla käännytettiin kansat islamiin.

On huomattava etteivät liitettyjen alueiden asukkaat olleet arabeja vaikka ne pakotettiin miekalla islamin vallan alle.

Sen jälkeen kulttuuri rauhoittui ja abbasidien valtaannoususta se saavutti vuonna 750 seuranneen kahden vuosisadan aikana vaiheen, jota kutsutaan islamin "kultaiseksi ajaksi".

Levantin alueella oli Damaskos yksi tuon ajan tärkeimpiä arabimmaailman kaupunkeja. Myös Syyrian Aleppo ja Latakia olivat tärkeitä.

Euroopan ensimmäiset suuret juutalaisten asutuskeskukset sijaitsivat Espanjassa.

Juutalaisten elämä katolisten Espanjan goottien keskuudessa oli kuitenkin melko vaikeaa, kunnes muslimit vuonna 711 saapuivat alueelle, minkä seurauksena he saivat jälleen vapaasti harjoittaa uskontoaan ja ammattejaan. Vuonna 755 syntyi Espanjaan al-Andalusin emiirikunta, joka myöhemmin jakaantui useammaksi ruhtinaskunnaksi.

900-luvulla, erityisesti vuonna 912 Abd aR-Rahman III:n noustua valtaan, siitä katsotaan alkaneen juutalaisen kulttuurin kulta-aika islamilaisessa Espanjassa.

Muslimien ja juutalaisten välinen vuorovaikutus kukoisti. Arabian kieli oli alueen yleiskieli, jota myös juutalaiset puhuivat. Myös heprean kieli elvytettiin muun muassa runouden kielenä. Aika oli kulta-aikaa myös tieteelle, ja juutalaiset antoivatkin historiallisen panoksensa muun muassa lääke- ja luonnontieteille.

Ovet valtion virkoihinkin, jopa korkeimpiin, avautuivat juutalaisille: Hasdai Ibn Šaprut, juutalainen lääkäri ja diplomaatti, toimi Abd-aR-Rahman III:n henkilääkärinä, ministerinä ja johti Córdoban ulkopolitiikkaa.

(Tästä huomaamme että, juutalaiset ja muslimit ovat tulleet aiemmin hyvin toimeen keskenään, **joten eripura on selkeästi nykypäivän poliittisten intohimojen tuote.**)

Vuonna 1000 abbasien valta heikkeni ja sijalle tuli mamulekit ja seldzukkiturkkilaiset jotka ottivat vallan Levantin alueella.

1000 luvun alkupuolella kritittyjen pyhiinvaellus matkat Jerusalemiin vaikeutiuvat. Kun turkkilaiset uhkasivat Bysanttia vallattuaan merkittävän osan Anatoliasta, päätti läntinen kristikunta ryhtyä vastatoimiin.

Ristiretket alkoivat, kun paavi Urbanus II antoi vuonna 1095 käskyn vallata "Pyhä maa" takaisin.

Ensimmäinen ristiretki alkoi seuraavana vuonna, kun pääasiassa Ranskasta kootut ristiretkiläiset lähtivät Konstantinopoliin. Retki oli menestys.

Bysantti sai Anatolian takaisin, sen jälkeen valloitettiin Antiokia 1098 ja lopulta Jerusalem 1099.

Tämän jälkeen Levantista tuli osa länsieurooppalaista kulttuuripiiriä ja sen kauppayhteyksistä huolehtivat pääasiassa Italian kaupunkivaltiot.

Ristiretki aikaa kesti kaksi vuosisataa, jonka aikana kristityt kärsivät ajoittain pahoja takaiskuja, mutta pystyivät silti pitämään yllä kuningaskuntiaan.

1184 roomalaikatolinen kirkko otti käyttöön ingvisition, jolla torjuttiin "vääräuskoisuutta". Sitä kesti noin 300 vuotta.

Heidän tärkein vastustajansa oli Saladin, joka pystyi 1187 valtaamaan Jerusalemin muslimeille.

Vaikka kristityt saivatkin myöhemmin vallattua Jerusalemin väliaikaisesti takaisin, olivat tämän jälkeen usein alakynnessä.

1200 luvulla mamulekit saivat haltuunsa suuria alueita, mikä sai kristityt 1250 luvulla tekemään sopimuksen mongolien kanssa.

Mongolit tuhosivat Bagdadin 1258 päättäen abbasidien dynastian ja valloittivat Levantin muslimien hallussa ollet alueet 1260, mutta eivät kuitenkaa päässet Egyptiin.

Tämä tarjosi Levantin kristitylle kuningaskunnalle hengähdystauon, mutta joitakin vuosia myöhemmin mamulekit ajoivat mongolit pois.

Viimeinen kristittyjen kaupunki vallattiin 1291, jolloin ristiretki aika päättyi.

Seuraavalla vuosisadalla, vuonna 1347 Eurooppaan ja Lähi-Itään iski ruttoepidemia Mustasurma itäisestä Aasiasta. Vaikka rutto tappoikin Lähi-Idässä vain vajaan kolmanneksen väestöstä, niin Levantti kärsi siellä eniten.

Levantin merkitys idän ja lännen välisten kauppareitit säilyivät kuitenkin edelleen, mutta tuottoisaa kaupankäyntiä alkoivat uhata ottomaaniturkkilaiset, jotka levittäytyivät Anatoliaan ja 1453 kukistivat Bysantin.

Huolestuneet eurooppalaiset alkoivat etsiä vaihtoehtoisia reittejä idänkauppalleen. Kun Vasco da Gama löysi meritien intiaan 1498 koki Lähi-Idän kauppa suuren takaiskun.

Levantti alkoi köyhtyä lakattuaan olemata tärkeä kaupan välietappi.

1500-luvulle tultaessa anekaupasta oli tullut kirkon tärkeää liiketoimintaa. Aneita ei myyty vain eläville eikä vain jo tehtyjen syntien negatiivisia vaikutuksia torjumaan, vaan aneella voi lyhentää myös rakkaan, eläessään syntejä tehneen vainajan kiirastuliaikaa. Aneita voi ostaa jopa varastoon, jos suunnitteli synnintekoa tulevaisuudessa.

Ottomaanien valtakunta valloitti koko Levantin 1516-1517.

Seuraavat vuosisadat olivat turkkilaisten alaisuudessa tapahtumaköyhiä, ja Levantti pysyi erossa maailman tapahtumista 1700 luvun lopulle saakka.

Sen jälkeen ottomaani valtakunnan sisäpolitiikka oli ajautunut katastrofaaliseen suuntaan, kun Egyptin mamelukit nousivat turkkilaisia vastaan ja tekivät ajoittain sotaretkiä aina Syyriaan saakka.

Vuonna 1798 Ranska päätti käyttää tilannetta hyväkseen ja Napoleon valloitti Egyptin. Seuraavana vuonna ranskalaiset valloittivat myös Levantin.

Ranskalaiset halusivat näin katkaista Englannin yhteydet sen Intian siirtomaihin.

Turkkilaiset hyökkäsivät pian ranskalaisia vastaan ja liittoutuivat englantilaisten kanssa. Ranskalaiset poistuivat Levantista 1801 jolloin turkkilaiset saivat koko Levantin takaisin hallintaansa.

Sen sijaan Egyptissä, mistä englantilaisetkin pian poistuivat, oli valtatyhjiö. Egyptin mamelukit halusivat itsehallintonsa takaisin, turkkilaiset halusivat maan kokonaan valtaansa, mutta turkkilaisten albanialaiset palkkasoturit olivat tilanteeseen tyytymättömiä.

Albanialainen Muhammad Ali nousi Egyptin hallitsijaksi 1805 ja Turkki tunnusti hänen asemansa.

Tilanteen rauhoituttua Levantti pysyi turkkilaisten hallinnassa, mutta1820 luvulla Libanonissa syttyi sisällissota eri uskonnollisten ryhmien välillä.

1831 Muhammed Ali hyökkäsi Syyriaan. Ja Egyptin joukot valloittivat kahdessa vuodessa suuren osan turkkilaisten Aasian puoleisista alueista ja Egyptin uhatessa jo Istanbulia oli turkin pakko luovuttaa Levantti egyptiläisille.

Vuonna 1839 Egypti hyökkäsi taas Turkkiin, mutta tällä kertaa Euroopan valtiot asettuivat turkkilaisten puolelle ja Egyptin oli pakko luopua Levantista vuoden 1841 rauhassa.

Levantti oli koko 1800-luvin loppupuoliskon ajan osa Turkkia löyhästi. Ulkomainen vaikutus oli nyt voimakasta.

1900-luvun alussa eurooppalaiset suurvallat hallitsivat lähes koko maailmaa. Merkittävimmät näistä siirtomaavalloista olivat Britannia, Ranska, Saksa, Itävalta-Unkari ja Venäjä jotka olivat kilpailijoita niin taloudellisesti, sotilaallisesti kuin poliittisestikin.

Nationalistisen aatteen ajamana ne kahmivat alueita mistä saivat, ja kolonialismi saavutti huippunsa 1800-luvun lopulla.

Vuonna 1870 eurooppalaisten hallussa oli 70 % maapallosta ja vuonna 1914 ensimmäisen maailmansodan kynnyksellä peräti 85 prosenttia.

Imperialistista ulkopolitiikkaa perusteltiin näkemyksellä, jonka mukaan siirtomaiden alistettu väestö olisi jotenkin eurooppalaisia alempiarvoista.

Ranskalaiset solmivat yhteyksiä Syyriaan ja Libanoniin, englantilaiset tekivät samaa Palestiinassa. Ranska halusi vahvistaa erityiseti Libanonin kristittyjen asemaa.

Englannissa taas kasvoi ajatus juutalaisten kotimaasta, Israelista, joka perustettaisiin Palestiinaan. 1900-luvun puolelle tultaessa Turkki oli jo epätoivoinen Euroopan valtioiden murentaessa sen valtaa alusmaihinsa, ja nuorturkkilaisen liikkeen kaivaessa maata sulttaanin jalkojen alta.

Ensimmäisessä maailmansodassa Turkki asettui Saksan puolelle. Englanti ja Ranska valloittivat Turkin Lähi-Idän alueet nopeasti.

Ensimmäisen maailmansodan jälkeen 1920 Levantti oli Ranskan ja Englannin valloittama alue ja Kansainliitto jakoi Levantin neljäksi mandaattialueeksi.

Nämä asetettiin alueilla jo ennestään vahvasti vaikuttaneiden valtioiden valvontaan, joten Ranska sai Syyrian ja Libanonin ja Eglanti palestiinan ja Trans-jordanian, nykyisen Jordanian.

Selvennykseksi on huomautettava että, Palestiina oli palestiina jo ennen filistealaisten tuloa, joten on virhe niitä samaistaa. Tosin arabian kielessä on nimi filistiina jolla tarkoitetaan Palestiinaa.

Mutta arabian kielessä ei ole P konsonanttia.

Ennen toista maailmansotaa prittien hallitse-
massa palestiinassa asui sekä juutalaisia, että
muslimeja, druuseja ja kristittyjä. He kaikki
olivat etnisiä Palestiinalaisia tuohon aikaan ja
elivät sopuisasti keskenään.

Maailmansotien välisenä aikana mandaat-
tialueilla oli melko rauhallista.

Ranska asetti Libanonin johtoon kristittyjä. Ja
samaan aikaan Libanoniin liitettiin osa islami-
laista Syyriaa aina Antilibanonin vuoriin saakka.
Se herätti epäluuloa muslimien keskuudessa.

Palestiinaan taas alkoi voimakas juutalaisten
muuttoliike, pääasiassa Euroopasta, mikä
enteili tulevan itsenäisen valtion perustamista.

Palestiinassa oli myös yhteenottoja arabien ja
juutalaisten välillä. Toisen maailmansodan
alettua väkivalta Palestiinassa yltyi ja englanti-
laisten hallintoa vastustamaan syntyi jopa sionis-
tisiä järjestöjä kuten Lehi ja Irgun.

Ranskan kaaduttua 1940 sen mandaatit
joutuivat Vichyn hallituksen alaisiksi, kunnes
Vapaan Ranskan ja Englannin joukot valloittivat
ne.

Vapaa Ranska kaavaili molemmille mandaateille heti sodan jälkeen itsenäisyyttä, joka sitten toteutuikin, myös Jordania itsenäistyi Englannin alaisuudesta.

Sen sijaan Palestiinan kysymyksestä tuli Yhdistyneille Kansakunnille polttava ongelma, koska se halusi taata sekä juutalaisten että arabien oikeudet tuossa maassa ja ehdotti siksi jakoa.

Israelin itsenäistyttyä hyökkäsivät arabinaapurit välittömästi Israelin kimppuun ja sodan tuloksena vuoden 1948 jaossa palestiinalaisten arabien alueet jaettiin Israelin ja sen naapurien kesken.

Poliittinen "Palestiinalaisuus" syntyi vasta Israelin valtion perustamisen jälkeen 1948.

On myös huomattava että, tänä päivänäkin on Israelin kansalaisina niin arabeja kuin palestiinalaisiakin, joilla molemmilla ryhmillä on omat edustajansa Israelin parlamentissa, eli Knessetissä. Eli he ovat huomanneet yhteistyön hedelmällisyyden.

Kuitenkin on huomattava etteivät kaikki Palestiinan arabit ole mitään syntyperäisiä arabisukuja, vaan ne ovat vain pääosin islamiin kääntyneitä filistealaisen merikansan jäänteitä ja druuseja sekä muitakin.

On ihmeellistä että, aikanaan voimakas meri-
kansa on taantunut ulkovaltojen heittopussiksi,
jota käytetään härskisti hyväksi omien rasististen
ja antisemitististen intohimojen välikappaleena.

Siihen osallistuvat kristityt maat, mutta myös
arabimaat jotka haaveilevat Levantin liittämistä
itseensä, sama unelma on myös Turkilla joka
mielellään palauttaisi Jerusalemin ja koko otto-
maanien aikaiset alueet itselleen.

Hallitsihan Turkki Jerusalemia noin 400
vuotta.

Koska Palestiinan alue on pysynyt sotaisena
ja epävakaana, niin yksikään ulkovalta ei sijoita
alueelle ainuttakaan tuotantolaitosta joka antaisi
työtä ja toimeentuloa palestiinalaisille.

Siksi 80% palestiinalaisista elää ulkomaisten
avustusten turvin. Sanotaan: "Sen lauluja laulat
jonka leipää syöt", joten avustusten määrä mää-
räytyy pääasiassa siitä kuinka aktiivisesti pales-
tiinalaiset jaksavat häiriköidä.

Jos palestiinalaiset sopisivat rauhan ja ystä-
vyyden liiton naapuriensa kanssa, niin "Jumalan
määräämän pyhän sodan" avustukset loppui-
sivat välittömästi, mutta niiden tilalle voisi tulla
paljon laajempaa ja rakentavampaa tukea maail-
man monista maista.

Sijoittajat saattaisivat rakentaa tuotantolaitoksiaan ja loisivat uusia työpaikkoja ja siten elvyttäisivät koko talouden jolloin he pääsisivät orjuudestaan eroon.

Tämä ei kuitenkaan ole mitenkään mahdollinen, koska ulkopuoliset valtiot ja kansat ovat saaneet aivankuin hypnotisoitua palestiinalaiset utopistiseen mielettömyyteen.

Vaikka kuka tahansa tarjoaisi heille sovinnollista sovintoa, niin he kieltäytyvät kaikista ehdotuksista vaikka eivät tiedä eivätkä halua edes tietää, tietämättä lainkaan mitä ehdotus sisältää.

Vaikka joku tarjoaisi "taivaan mannaa", niin he eivät edes halua kuulla siitä mitään. Miten sellaisille ihmisille voi mitään apua antaa jos eivät itse siihen suostu.

Turkki tukee voimakkaasti Gazan Hamas terrori järjestöä, samoin Iran ja kieltävät palestiinalaisia suostumaan mihinkään sopimukseen. Tätä vielä tukevat monet islamilaiset maat sekä eurooppakin.

Ainoastaan Israel on antanut työpaikkoja palestiinalaisille, esimerkiksi länsirannan siirtokunnat ovat palkanneet lähes 10000 palestiinalaista ja maksaa heille saman palkan kuin juutalaisillekin, se on noin kolme kertaa suurempi kuin palestiinalaisissa työpaikoissa.

Kuitenkin Euroopan Unioni antisemitistisesti määrää siirtokunnissa tuotetuille tuotteille merkintäpakon jonka tarkoituksena on estää tuotteiden markkinointi Euroopassa. Se ei auta palestiinalaisia vähääkään, jos tuotanto loppuisi, niin myös palestiinalaiset joutuisivat työttömiksi ja soppajonoon.

Nyt myös Yhdistyneiden Kansakuntien (YK) ihmisoikeustuomioistuin vaatii islamilaisten maiden aloitteesta että, Palestiinan kiisteillyilä alueilta on lopetettava muutamien Eurooppalaisten ja Israelilaisten tuotantolaitokset, vaikka ne edistävät rauhaa ja suvaitsevuutta paremmin kuin mitkään YK:on esitykset.

Kun vaaditaan siirtokuntien lakkauttamista, niin auttaisiko se palestiinalaisia jos Israelilaiset luopuisivat niistä ja lähtiessään palauttaisivat alueet sellaiseksi kuin ne olivat 1940 luvulla.

Kuitenkin ulkopuoliset valtiot ja typerät ihmiset sekä uskonnoliset ääriryhmät estävät tämän kehityksen. Sen motiivina on valloittaa takaisin hallintaan sellaiset alueet jotka joskus aiemminkin on kuulunut heille, siksi he yllyttävät hölmöjä palestiinalaisia monenlaiseen häiriköintiin.

Sen välikappaleena on valheelliset narratiivit joilla ei ole aina todellista historiallista taustaa. Tai historiallisesta taustasta jätetään jotain kertomatta. "Valhe piilee myös vaitiolossakin".

Tällähetkellä vallitsee kaksi nykyajan narratiivia jotka ovat puutteellisia, koska eivät kerro koko pitkää historiaa. Nämä narratiivit palvelevat vain tämän päivän poliittista liikehdintää.

Israelilaisten narratiivi kertoo että, Jumala johdatti kansansa takaisin Egyptin orjuudesta luvattuun maahan.

Kun taas Palestiinalaisten narratiivi kertoo että, "silloin tuli suuri rosvojoukko ja ryösti heidän maansa ja ajoi heidät pois kotoaan".

Kumpikaan narratiivi ei kerro selkeästi sitä että, Israelilaiset palasivat orjuudesta takaisin entiseen kotimaahansa.

Israelilaiset ovat joutuneet olemaan pakkosiirtolaisina orjina ainakin kolme kertaa. Babyloniassa, johon vietiin aluksi noin 9000 ihmistä.

Myöhemmin hyvin suuri määrä ihmisiä vietiin pakkosiirtolaisuuteen ja Jerusalem poltettiin ja sen temppelit hävitettiin.

Persia valloitti Babylonian vuonna 539 eaa. Persian kuningas Kyyros II antoi Juudean asukkaille luvan palata takaisin ja rakentaa temppelit uudelleen.

Egyptin orjuuden alun ajankohta ja syy on minulle vielä tuntematon käsite.

Egyptin orjuudesta paluu on laajasti dokumentoitu. Pakkosiirtolaisuutta oli myös Roomanvallan aikana.

1950 luvun jälkeen Levantti on pysynyt kiistanalaisena alueena. Koska Levanttia on hallinneet monet valtakunnat, niin muutamilla on edelleen haaveena valloittaa Levantti uudelleen vaikutusvaltaansi.

Tällä hetkellä voimakkain halu on Iranin islamilaisella tyranni hallituksella, joka uhoaa tuhoavansa Israelin ja koko siionistisen maailman.

Huutaen täyttä kurkkua: Kuolema Israelile, kuolema Amerikalle, kuolema Englannille ja niin edelleen.

Se on jo pitkään valmistellut valloitustaan, osittain jo onnistunut Irakissa, Syyriassa sekä saanut sijaissotilaikseen Libanonin Hizbollah terrorijärjestön jota se rahoittaa ja aseistaa, samoin Gazan Hamas järjestöä sekä Siinailla toimivaa islamistista Jihadia rahoittamalla ja aseistamalla niitäkin, samoin Jemenin Hutheja.

Iran palkkasotureineen yritti myös tunkeutua Jordaniaan, mutta Kuninkaalle uskolliset joukot israelin avustuksella saivat torjuttua ne.

Jordanian kuningas tietää että, vain Israel voi suojella hänen kuningashuonettaan. Jordania on myös tärkeä puskurivyöhyke idän hyökkäyksiltä, siksi Israelin etujen mukaista on pitää Jordania vapaana ja vakaana.

Koska Iranin unelmissa on valloittaa myös koko arabian niemimaa, Mekka ja Medina ja siten tulla koko islamilaisen maailman johtajaksi. Sellainen unelma on täysin epärealinen, se ei tule onnistumaan ikinä.

Iran myös kiristää koko maailmaa atomipommi unelmallaan ja ohjuksillaan, koska maailman hallitsijat ovat täysiä mänttejä, eivätkä osaa puolustautua kiristykseltä, vaan kaikin tavoin yrittävät mielistellä ja lahjoa Irania.

Ei olisi pitänyt alkuunkaan tehdä minkäänlaista sopimusta Iranin kanssa, vaan olisi sanottu selkeästi että, älä haaveile tai yritä rakentaa atomipommia, sillä ne tuhotaan jo alkuvaiheessa ja niin olisi pitänyt tehdä. Ei sen sanominen vieläkään ole myöhäistä.

Kun Yhdysvallat asetti ankarat pakotteet Iranille ja Iranin öljynvienti supistui vähiin, niin Ranskan presidentti Macron lupasi Iranille suuren rahamäärän ranskalaisten veronmaksajien rahoja kompensoimaan öljytulojen menetystä.

Todellisuudessa rahoilla tuetaan terrori toimintaa. Oliko Macron saanut kansaltaan siihen luvan, vai oliko se hänen oma sävellyksensä.

On huomattava että, se joka antaa rahaa tai muuta tukea terroristeille on itsekin terroristi, vaikka ei sitä itse tajuaisikaan.

Myös monet euroopan maat, Suomi mukaan lukien liittyivät INSTEX-mekanismiin, jonka tarkoitus on kiertää Yhdysvaltojen asettamia pakotteita. Toisin sanoen Eurooppalaiset valtiot ovat puheissaan "kaveri, kaveri", mutta takana ollaan valmiita "puukottamaan selkään".

Ihmettelen miksi Yhdysvallat ei ole vielä reagoinut asiaan mitenkään, ehkä se on ajan kysymys.

Entä jos Yhdysvallat asettaa INSTEX maille niin korkeat tuontitullit, että se käytännössä lamauttaisi Eurooppalaisten tuotteiden viennin Yhdysvaltoihin. Korvaako Iranin kauppa sen täysimääräisesti? Sitä sopii epäillä. Toinen asia on se että, sillä tavalla tuetaan terrorismia, joten ollaan itsekin terroristeja.

Saiko ulkoministeri Haavisto eduskunnan ja presidentin siunaksen ennen kuin allekirjoitti Iranin kassa solmitun INSTEX sopimuksen. Suomalaisessa mediassa ei ollut mitään mainintaa asiasta, mutta näin sen interrnet sivuita.

Suomalainen vasemmistoliiton kansanedustaja meni Gazaan Israelin raja-aidalle ja yritti sitä tuhota. Niin hän joutui Israelin pidättämäksi ja kuulusteluihin.

Ilmeisesti Israelilaiset huomasivat että, henkilö on naivi, asioiden taustoista tietämätön, eli ei ole koskaan vaivautunut opiskelemaan Levantin historiaa.

Vaan hyväntahtoisuuttaan ja tämänpäivän poliittisten narratiivien sokaisemana yritti pelastaa Lähi-Itää.

Sentähden hänet vapautettiin. Jos hänet olisi todettu terroristiksi, niin hän olisi joutunut vankilaan.

Hänen motiivinaan oli vastustaa Suomen ja Israelin välisiä asekauppoja.

Ei kukaan voi yksipuolisesti ostaa tai myydä mitään, se on aina kahdenvälistä kauppaa.

Jos hän olisi tehnyt aloitteen suomen eduskunnassa, niin hänen näkemyksensä olisi ehkä tullut huomioiduksi, mutta nyt hän aiheutti harmia vain itselleen ja ehkä myös Suomelle.

Pienten maiden kuten Suomen ja Israelin asekaupat ovat vain "nappikauppaa" verrattuna suurvaltojen tekemiin kauppoihin.

Tasapuolisuuden nimissä on myös kysyttävä, mitkä valtiot myyvät tai "lahjoittavat" tuhansia raketteja sekä muutakin sodankäynnissä tarpeellista Gazaan.

Onko se yksi syy monien muiden syiden jou-
kossa että, Gazan väestö on yleensä köyhää
kalliiden sotatarvikkeiden ostoista sekä suuren
armeijan ylläpidosta.

Poikkeuksena on rikkaat terroristi hallitsijat
joilla on varaa matkustella yksityiskoneillaan
Turkkiin ja Iraniin sekä muihinkin maihin. Heillä
riittää hyvää ruokaa aina.

Toisinaan ravihevosille laitetaan pään mo-
lemmille puolille silmälaput ettei hevonen voi
vilkuilla sivuille, eli näkökenttä rajoittuu "putki-
näöksi".

Myös monilla ihmisillä on "putkinäkö" eivätkä
siten osaa tai voi nähdä laajempia kokonai-
suuksia.

Myös pahanlaatuinen "putkinäkö" on niillä
suomalaisilla jotka lähtivät ISIS:in riveihin raken-
tamaan islamilaista kalifaattia. Nämä pienet
ihmiset ovat maailmanvalloittajien harhaan
johtamia typetyksiä.

Kaikkia valloitusretkiä on kaikkina maailman
aikoina perusteltu Jumalan määräyksinä. Mutta
ei koskaan kerrota sitä että, kumman Jumalan
määräys se on. Syynä on yksijumalaisuuden
harhakäsitys.

Ikävintä on kuitenkin se että, monet maailman johtajat ovat "putkinäköisiä" ja siten saavat paljon tehtyä typeriä päätöksiö.

Vaikka sattuisi tekemään hyvänkin päätöksen, niin sen toteutumisen ajankohta voi olla aivan väärä, jolloin siitä tuleekin huono päätös. Varsinkin kun alkaa selittelemään sekavasti päätöksiään, niin uskottavuus häviää.

Toisen maailmansodan jälkeen rauhansopimuksella Suomi menetti 10 % maa-alastaan ja noin neljäsataakolmekymmentä tuhatta asukasta evakoitiin alueilta, eli he olivat pakolaisia.

Siihen aikaan Veikko Vennamo oli asutusministerinä ja hänen tehtävänsä oli huolehtia evakkojen uudelleen asuttamisesta.

Vennamo erosi keskusta puolueesta ja perusti oman Suomen maaseudun puolueen SMP:n, se ajoi lähinnä maaseudun pienviljelijöiden ja muidenkin pienipalkkaisten asiaa ja oli siten selkeästi keskustan vasemmalla puolella.

Ensin sen nimi muuttui "Perus Suomalainen". Vähitellen se on siirtynyt rasistiseen äärioikeistoon. Kuitenkin osa vanhemmista kuvittelee sen olevan vieläkin "Vennamolainen" ja siksi kannattaa sitä edelleen, en tiedä mitä nuoret siinä näkevät populismissa ja mitä ajattelevat, vai ajattelevatko mitään.

Kuvitelkaa mielessänne, jos nämä entiset evakot eli "pakolaiset" alkaisivat vaatia entisiä asuialueita takaisin itselleen ja alkaisivat häiriköidä Venäjän rajalla, niin mitä luulette, kuinka Venäjä tulisi sihen reagoimaan jos Suomen puolelta ammuttaisiin tuhansia raketteja ja lähetettäisiin ilmapallojen avulla räjähteitä. Oletan että, Suomen itsenäisyys loppuisi siihen. Koska Suomi on ollut aiemminkin Venäjän vallan alla kuten myös Ruotsinkin.

Historialla on taipumus toistaa itseään, joten ei siihen kovin montaa höperöä tarvita.

Kun Venäjä valloitti Krimin niemimaan itselleen, niin länsivallat asettivat muodollisia pakotteita, mutta eivät mitenkään muuten sitä vastustaneet. Jos Suomi hölmöilyjen seuraksena joutuisi Venäjän vallan alle, niin eivät länsimaat sitä estäisi.

Kuitenkin häiriöinti Israelin rajoilla on maailman laajuisesti hyväksyttyä toimintaa eikä sitä maailman valtiot mitenkään estä eikä tuomitse.

Ihailen Israelilaisten maltillisuutta ja pitkämielisyyttä, koska toinen vaihtoehto olisi täysimittainen sota.

Osa Yhdistyneiden kansakuntien alaisista järjestöistä on selkeästi puolueellisia jopa rasistisia ja antisemitismisiä joita maailman maat rahoittavat, Suomi mukaan luettuna.

Suomi on tukenut rahallisesti yli puolenmiljoonan Palestiinalaisen lapsen koulunkäyntiä, mikä on hieno asia, mutta ovatko suomalaiset koskaan katsoneet mitä ja miten kouluissa opetetaan.

Onko se tasapuolista ja rauhaan sekä ystävyyteen opettavaa, vaiko terroriin ja epäsopuun johtavaa aivopesua?

Maailmanhistorian aikana on muodostunut useita valtavia imperiumeja jotka ovat hajonneet pienempiin osiin. Niiden rajat on normaalisti hyväksytty ilman suuria jälkiselkkauksia. Jos niin ei olisi käynyt, niin maailma olisi ollut keskeytymättömässä sodassa ikuisesti.

Miksi Palestiinalaiset ja Israel ei voi sopia? Jos olette lukenut huolella ja ajatuksella edellä olevan lukukappaleen, niin silloin voitte itse päätellä vastauksen kysymykseeni.

Yksi merkittävä piirre niin tässä kirjassani kuin yleensä Levantista kerrottaessa on että, Kurdikansa unohdetaan täysin, vaikka se on suuri ja laajalla alueella asuva kansa joka on ollut Levantin alueella jo tuhansia vuosia, se ei ole koskaan saanut täyttä itsenäisen valtakunnan asemaa, vaikka heitä on nykyarvion mukaan on noin 35-40 miljoonaa, kun lasketaan kaikki hajalleen joutuneet ihmiset mukaan, niin arvio liikkuukin jo 70 miljoonassa.

Tyypillisesti he ovat olleet ulkovaltojen "heit-topussina" jo tuhansien vuosien ajan. Kurdi-kansasta tulisi kirjoittaa aivan oma lukunsa. Katso WikipediA "Kurdit".

Länsimaat jotka ovat vaikuttaneet Levantin historiaan, kuten Isobritannia, Ranska ja yhdys-vallat, ovat pettäneet Kurdikansan kerta kerran jälkeen, viimeksi yhdysvaltain Presinetti Trumb ilmoittaessaan vetäytyvänsä Levantista samalla pettäen Kurdit ja mahdollisti Turkin hyökkäysen Kurdien asuttamalle Syyrian alueelle, josta Turkki kahmi itselleen 500 km. pitkän ja 30 km. leveän maakaistaleen josta se sotavoimallaan ajoi kurdit pois. Tappaen useita satoja. Myös Venäjä hyväksyi sen.

Turkki tuo edelleen lisää sotakalustoaan Syyriaan ja valtaa sitä pala palalta lisää, vaikka Syyrian armeija yrittää sitä estää. Turkki uhoaa tuhoavansa koko Syyrian armeijan jos ne vas-tustavat sitä. Unelmana on vallata koko Syyria. Se ei kuitenkaan onnistu, koska Venäjä on tällä hetkellä Syyrian todellinen hallitsija, joten Venäjä voi estää Turkin aikeet, jolloin isompikin sota on mahdollinen.

Katsoin televisiosta kun Yhdysvaltain Turkin lähettiläs puhui Turkin televisiossa ja vakuutti että, USA tukee Turkkia joka on hyvä Nato maa, kaikessa sen toimissa. Tosin lähettiläs näytti nololta ja vaivautuneelta puhuessaan. Mutta hänen oli pakko näin sanoa, koska Trumb:in tyyliin kuuluu eroittaa kaikki sellaiset alaiset jotka uskaltavat olla asioista erimieltä. Se on selvästi tyrannimaista ja kaukana "demokratiasta".

Miksi Syyria joutui vuosia sitten valtavan humaanitääriseen tuhoon? Syy on pelkästään Al-Assad suvun vuosikymmeniä harrastama valtioterrori, jota muut terroristivaltiot tukivat. Syyrian mukana tulee tuhoutumaan myös Al-Assad suku ja heidän terrorihallintonsa.

Kurdistan olisi hyvin suuri ja rikas valtio, jos se muodostettaisiin niille alueille jossa Kurdit ovat enemmistönä. Siihen kuuluisi Irakin pohjoisosa, osa Iranista, Syyriasta ja Venäjästä. Mahdollisesti myöa osa Turkkia. Turkin pääkaupungissa Istanbulissa on noin yksi kolmasosa asukkaista Kurdeja. Siellä oppositio voitti tärkeän Pormestarin vaalit, joten oppositio ei ole vielä täysin nujerrettu, vaikka sitä on yritetty.

Kurdistania ei tulla kuitenkaan koskaan yhdistämään, koska yksikään maa ei luovu omista alueistaan, vaan päinvastoin mieluimmin kahmii niitä itselleen, kuten Turkki nyt.

Pedofilia.

Kun maapallo oli niinpaljon edistynyt että, tuli nisäkkäätkin maapallolle, niin tyypillisesti monilla nisäkäslajeilla oli ja on laumassaan yksi alfa-uros, joka omii kaikki naaraat itselleen ja puolus-taa oikeuttaan raivokkaasti.

Kuitenkin on huomattava ettei alfa-uros parittele keskenkasvuisten naareiden kanssa, vaan naaraan on tultava ensin kiima-ikään ja itse tuoksuillaan viestittää urokselle olevansa lisääntymiskykyinen.

Ainoa nisäkäslaji on ihminen joka on ikiaikai-sesti sekaantunut keskenkasvuisiin naaraisiin, joita sanomme lapsiksi. Sen nimenä on "demok-raattisissa" länsimaissa pedofilia. Kuitenkin se on monissa idän ja Aasian kuttuureissa vielä tänäänkin aivan normaalia ja hyväksyttyä toimintaa. Ehkä myös joissakin Afrikan hei-moissa.

Kun tutkin Kurdien historiaa, niin silmiini osui tieto siitä että, Kurdien ikiaikainen perinne on että, mies avioituu yleensä 20 vuotiaana ja saa vaimokseen 12 vuotiaan lapsen. Sukulaisten ja molempien sukujen siunausella.

Jotta ei tulisi leimattua vain yhtä kulttuuria, niin katsotaan myös muitakin.

Suomenkielisen Koraanin johdanto-osassa
ISBN 951-0-09879-5 sivulla 9 kerrotaan että,
Profeetta Muhammed tultuaan leskeksi, niin
meni uudelleen avioliittoon ja otti vaimokseen
Abu Bakrin 10 vuotiaan lapsen ja 13 muuta
tyttöä. Tämä ei liity mitenkään Islaminuskoon,
vaan sekin on ikiaikaine perinne.

Luin Ilta-Sanomista joskus 2019 tammi-helmi-
kuun vaihteessa pienen uutisen että, Turkin
lakien mukaan mies voi sekaantua ilman seu-
rauksia jopa 9 vuotiaaseen tyttö lapseen. Mie-
lestäni sen lain laatineet ja hyväksyneet ovat
kaikki pedofiilejä. Mutta ilmeisesti se on koko
pitkän kulttuurin jäänne vielä kansankin keskuu-
dessa.

Turkki halusi liittyä Euroopan Unioniin, mutta
silloin heidän olisi täytynyt poistaa tämäkin lain
pykälä ja ilmeisesti myös monia muitakin lakeja
muuttaa niin että, ne tulisivat eurooppalaisten
normien tasalle.

Toisinaan ihmettelemme kun joku itämailta
tullut pakolainen sekaantuu lapsiimme, mikä on
törkeä rikos, mutta ilmeisesti hän on tulut kult-
tuurista jossa sellainen toiminta on normaalia ja
siten hän ei itse näe siinä mitään pahaa.

Raamatussa kerrotaan kuninkaasta jolla oli
700 vaimoa ja 300 jalkavaimoa. Joten hän oli
sen lajin "hamstraaja".

Olin kauan sitten Saudi-Arabiassa töissä. Työmaallamme oli myös muutania Jemeniläisiä miehiä. Ainakin yhdellä oli 14 vuotias vaimo. En tullut koskaan kysyneeksi että, kuinka kauan hän on ollut jo avioliitossa eli kuinka nuoren lapsen hän oli saanut vaimokseen?

Näistä esimerkeistä päättelin että, tämä ikiaikainen perinne on hyvin laajalle levinnyt ja yhä voimissaan.

Mietin yhä, mikä on tämän perinteen motiivi eli alkusyy? Koska en voi sitä tietää, niin käytän mielikuvitustani ja sen avulla yritän keksiä sen.

Kun mies raiskaa keskenkasvuisen lapsen, niin lapsi saa siitä elinaikäisen trauman ja kauhun joka estää normaalin sukupuolivietin kehittymisen, jolla varmistetaan ettei lapsi tai nainen koskaan parittele omasta halustaan urosten kanssa, vaan aviomiehenkin on raiskattava "vaimonsa" kerta kerran jälkeen.

Ehkä samasta asiasta on kyse naisten suku-elinten silpomisella. Sekin on hyvin laajalle levinnyt ikiaikainen perinne. Tavallisesti sen suorittaa kylän miesparturi, terävällä partaveit-sellään. On ihme että, myös äidit suosivat ja sallivat näin törkeän pahoinpitelyn, joka meidän näkökulmasta on julmaa ja ankarasti kiellettyä.

Ehkä taustalla on miesten mustasukkaisuus ja sairas omistamissen halu sekä siinä että, naaraat mielletääm aivankuin karjaksi jota voidaan ostaa ja myydä. Mitä suurempi on karja sitä varakkaammalta uros näyttää.

Monissa ikiaikaisissa kulttuureissa on suuri onni ja ylpeyden aihe jos syntynyt lapsi on poika. Mutta jos se onkin tyttö, niin se on suuri häpeä, joka voidaan luvata jollekin suvun serkulle vaimoksi tai jopa myydä toiseen klaaniin jollekin miehelle tulevaksi vaimoksi. Tyttölapsi pidetääm sovittu aika omassa perheessä, myöhemmin se voidaan luovuttaa pois.

Näin naaraat ovat kauppatavaraa, joka voidaan vaihtaa johonkin muuhun kotieläimeen. Naiset eivät ole tärkeitä ihmisinä.

Riita-asioissa kaksi naista vastaa yhtä miestä, eli on ääni ääntä vastaan. Jos mies ottaa Jumalan todistajakseen, niin silloi ei useammankaan naisen todistuksilla ole mitään arvoa, koska Jumala on erehtymätön, eikä Jumalan todistusta voi kukaan kumota.

Tämä on todellista Jumalan pilkkaa joka palvelee vain miesten ylivaaltaa.

Pullon henki:

Olipa kerran kaukaisessa itämaan sinisen vuoren valkoisella hiekkarannalla nuorukainen, vähän resuisissa housuissaan.

Löysi hietikolta myrskyn ja suurten aaltojen rannalle heittämän pullon. Nuorimies nosti sen hiekalta ja totesi sen olevan kovin likainen ja merirokkojen peittämä, jonka korlli oli lujasti kiini.

Alkoi puhdistamaan sitä. Repäisi housun-lahkeestaan kankaan palan ja laittoi siihen ranta lammikosta löytämäänsä hienoa valkoista hiekkaa. Näin hieroen, alta paljastuikin hyvin kaunis ja koristeellinen hopeasta valmistettu pullo.

Kun nuorukainen sai puhdistettua pullosta viimeisenkin lika tahran, niin silloin korkki aukesi helposti. Nuorimies avasi korkin.

Siinä samalla hetkellä pullosta alkoi purkau-tua suurella suihkulla värillistä savua.

Savu olikin suurikokoinen turbaanipäinen pullonhenki.

Pullonhenki oli niin äärettömän kiitollinen
nuorelle miehelle vapautumisestaan ahtaasta
pullosta. Pullonhenki sanoi pojalle ystäväl-
lisesti:

— Saat sanoa kolme toivomusta palkaksesi.
Toteutan ne heti. Nuorimies mitään ajattele-
matta sanoi:

— Anna minulle kolmekymmentä ihanaa
neitoa. Ja HUPS, siinä rantahietikolla
kirmaili kolmekymmentä ihanaa neitoa. Sitten
pullonhenki kysyi:

— Mikä on sinun toinen toivees? Taas
nuorukainen sanoi, mitään ajattelematta.

— Anna minulle palatsi, jossa voin pitää
haaremiani. Ja HUPS, samalla hietikolle
ilmestyi upea marmori palatsi.

Nuoret ihanat neidot riensivät palatsin
ovesta sisään ja nuorukainenkin oli jo sen ovella.
Silloin pullonhenki kysyi nuorukaselta viimeisen
kerran:

— Mikä on sinun kolmas toivomuksesi.
Jälleen nuorukainen, mitään ajattelematta
sanoi:

— Tarvitsen vielä haaremüni eunukin.

Ja HUPS, ja siinä samassa nuorukainen huomasi olevansa eunukki. Pullonhenki oli poia samoin pullo-korkkeineen.

Mitä me tästä sadusta voimme oppia?
Ainakin sen, ettei pidä sanoa kaikkea mitä sykli suuhun tuo, ilman ajatuksen häivää.

Ilmaston muutos:

Ihmisten aikaansaaman ilmastonmuutoksen seurauksena maapallo tuhoutuu paljon aikaisemmin kuin ilman ihmisen aiheuttamaa ilmastonmuutosta.

Kuitenkin ihminen on neroudessaan keksinyt "päästökaupan" jonka avulla saastuttajat voivat jatkaa saastutustaan maksamalla jollekin toiselle vähemmän saastuttavalle. Mutta väheneekö saastemäärä, vai onko se vain nerokas rahastustoimi?

Tehdään myös kansainvälisillä areenoilla hurskaita lupauksia tulevaisuuden toimista, niiden avulla voidaan käytännön toimet siirtää kaukaiseen tulevaisuuteen.

Koska jäätiköt sulavat kaikkialla maapallollamme, kuten vuoristoista, navoilta ja Gröönlannissa. Ilmatieteilijät ovat laskeneet että, jos Gröölannin koko jäätikkö sulaisi, niin merenpinta nousisi 7 metriä. Entä jos kaikkialta sulaisi jäät, niin kuinka paljon merinpinta nousisi?

Ilta sanomissa tänään 2.2.2020 oli uutinen että etelänavalla on suuri "tuomiopäivän jäätikkö" Thwaites joka on puolen suomen kokoinen ja jonka alla virtaa lämmintä vettä ja sulattaa sitä hälyttävää vauhtia.

Sen sulaninen nostaissi merenpintaa lähes metrillä, jonka myötä esim. Miami ja Boston peittyisivät veden alle.

Jos tämä "tuomiopäivän jäätikkö on nyt vapaasti meressä, niin sen sulaminen ei vaikuta mitenkään merenpimman nousuun. Ainoastaan mannerjäätiköiden ja vuoristojen jäätiköiden sulaminen nostaa meren pintaa. Tämä tuomoipäivän jäätikkö ainoastaan viilentää ympäröivää meren pintaa sekä ilmaa sen ympäriltä, joten sillä on pikemminkin ilmastonmuutosta hidastava vaikutus. Onko tämä tiedemiesten huijaus?

Jo pari- kolmekymmentä senttiä aiheuttaisi paljon harmia. Jo yhden metrin merenpinnan nousu olisi suuri katastroofi monilla alaviin maihin rakennetuille asutuksille. Jos merenpinnan nousu on vieläkin suurempaa, niin tuhot olisivat aivan valtavia.

Hollanti on rakentanut vahvat suojamuurit torjumaan meren hyökkäyksiä vastaan, mutta jos merenpinta nousee nopeammin kuin valleja ehditään korottamaan, niin merivesi tulvisi niiden yli, jollon koko Alankomaiden alue olisi vaarassa jäädä veden alle.

Esimerkiksi Suomen rannikkoseudut monin paikoin on rakennettu aivan vesirajaan, varsinkin kesämökkejä.

Eteläpohjanmaalla esim. Limingan seutu on alavaa, se saattaisi jäädä meren valloittamaksi ensimmäiseksi laajoilta alueilta. Tosin siellä maankohoaminen hidastaa sitä.

Kysymys kuuluukin kumpi kohoaa nopeammin, meri vai maa? Maa nousee sentin vuodessa, joten se nousee 100 v. metrin pohjanmaalla. Olen nähnyt jossakin arvion että, maanpinta olisi 100 v. kuluttua noin 30 senttiä merenpintaa ylempänä, joten vesijättömaat lisääntyisivät. Tämä on vain arvio, tulevaisuutta ei tiedetä varmuudella.

Jos tämä arvio toteutuisi, niin alueen asukkaat eivät voisi mitenkään uskoa että merivesi on noussut, vaikka se onkin noussut 70 senttiä tällä alueella, mutta paljon enemmän päiväntasaajan molemmin puolin.

Kuitenkin merenpinnan nousu on suurempaa päiväntasaajalla kuin napapiirillä. Koska maan ympyrän kehänopeus on siellä paljon suurempi kuin napapiirillä.

Kehänopeus aiheuttaa keskipakovoimaa. Se vastustaa vähäisesti maan vetovoimaa. Päiväntasaajalla kehänopeus yli 1600 km/h, kun se navoilla on nolla. Siksi merivesi nousee kravun- ja kauriinkääntöpiirien väiisellä alueella eniten.

Kuinka paljon merenpinnan on noustava jotta se voisi ylittää kuollutta merta suojaavan maa-alueen. Kuollutmeri on nyt noin neljäsataa met-riä merenpinnan alapuolella, niin kuinka laaja merenlahti siitä muodostuisi jos se täyttyisi koko-naan? Uskon että, silloin koko Levantin maise-mat muuttuisivat oleellisesti.

Ehkä olisikin paras ajoissa alkaa siirtämään asutusta korkeammille paikoille.

Tämä on vain hurskas toivomus, jolla ei ole mitään todellista merkitystä, sillä useimmat asuinkiinteistöt ovat rakennettu velaksi, jolloin pankit käytännössä omistavat ne.

Jos ja kun katastroofi tulee, niin kiinteistöjen arvo romahtaa, eikä omistajilla ole enään mitään mahdollisuutta rakentaa uutta asuinpaikkaa korkeammalle maalle jonka tonttihinnat saat-tavat nousta hurjan suuriksi koska kysyntä on suurta.

Todennäköisesti suuri osa ihmisistä menet-tää kotinsa eikä voi mitenkään rakentaa uutta, joten heistä tulee asunnottomia ja hyvin velkai-sia ja jos he onnistuvat saamaan jostakin ansio-tuloja, niin pankit ja velkojat ulosmittaavat suu-rimman osan.

Tämän välttämiseksi tulee jo nyt alkaa kas-vattaman rahastoja joilla näitä kurjia voidaan auttaa tulevaisuudessa.

Olisi myös ihmisten ja pankkien välinen solidaarisuus lisäännyttävä ja tulisi antaa anteeksi lainoja joita ei voi maksaa ikinä. Olisi annettava ihmisille mahdollisuus uuden elämän rakentamiseen. Ehkä se on myös turha toive.

Tätä toivottomuutta lisää holtiton pikavippien määrä johon liittyy törkeä koronkiskonta jopa 30% vuosikorot.

Niitä mainostetaan agressiivisesti kaikissa tiedotusvälineissä, eikä typerä kansa tajua että, heitä huijataan.

Koronkiskonta on ollut joskus rikos, mutta nykyään se on luvallista "liiketoimintaa". Niiden toiminta tulee välittömästi kieltää.

Jatkuvasti keksitään uusia kulutustavaroita, joita yllytetään ostamaan kulutusluotoilla, vaikka suurin osa niistä on aivan tarpeettomia, varsinkin rahattomille. Nyt myös osa hyvätuloisistakin ovat joutuneet velkakierteeseen omaa tyhmyyttään. Koska eivät suostu elintasoansa alentamaan.

Koska emme voi enään mitenkään pysäyttää ilmastonmuutosta. Vaikka kaikki ilmansaasteet loppuisivat välittömästi ja kokonaan, niin ilmastonmuutos etenisi silti vielä useita vuosisatoja.

Koska valtameret ovat ehtineet lämmetä liikaa, niin niiden jäähtyminen "normaali lämpöön" kestäisi satoja vuosia.

On ihmeellistä etteivät useimmat valtioiden päämiehet tunnusta näin ilmeistä totuutta, eivät myöskään monet kansalaiset, vaikka siitä on kerrottu jo kauan.

Suositaan kivihiilen polttoa ja muitakin fossiilisia aineita koska niillä saadaan parhaat rahalliset voitot tällä hetkellä, välittämättä tulevaisuudesta. Halla-aho väitti että, Suomessa energian tuotantoon käytetään vain 10 % fossiilisia polttoaineita, kun se tilastokeskuksen mukaan se on yli 40 %.

Samanaikaisesti myös tuhotaan hiilidioksiidia sitovaa kasvillisuutta, varsinkin metsien kasvupintaala vähenee jatkuvasti laajojen hakkuiden seurauksena, mutta myös suurina metsäpaloina. Metsäpaloissa kaikki metsään sitoutunut hiili vapautuu ilmakehään.

Ilmastonmuuton nimissä on alettu suosimaan maakaasua, eikö siinä ole yhtään hiiltä? Vai huijataanko siinäkin ihmisiä?

Ilmastonmuutos sulattaa myös ikiroutaa ja siten valtavat metaanivarastot alkavat purkautumaan ilmakehään. Maakaasukin on lähes puhdasta metaania.

Harrastetaan kaksinaismoraalia, esimerkiksi Suomi vastustaa fossiilisten polttoaineiden käyttöä muissa maissa, mutta suosii niitä Suomessa. Petteri Orpo ehdotti rakennusten öljylämmityksen tukien nostamista. Eräät piirit myös haluavat lisätä turpeen polttoa.

Samoin on muissakin maissa, toivotaan että, muut torjuvat ilmastonmuutoksen, jolloin itse ei tarvitse tehdä mitään.

Kuinka voidaan edes puolittaa hiilioksiidin ja muidenkin ilmansaasteiden tuotanto? Mielestäni ainoa keino on puolittaa maapallon väestö. Sen aikaansaamiseksi tarvitaan kolmas maailmansota. Jos sellaista ei koskaan tule, niin maapallon väkiluku kasvaa vähitellen moninkertaiseksi, jolloin myös ilmansaasteiden tuotanto moninkertaistuu, jolloin myös pahenee ilmastonmuutoksen seuraukset moninkertaisiksi. Mutta kuinka nopeasti väestömäärä palautuisi ennalleen jos se olisi puolittunut nykyisestä?

(1900 luvun alussa väkiluku oli noin 3 miljjardia ja nyt jo yli seitsemän miljardia, niin paljonko mahdollisesti ihmisiä on tämän vuosisadan lopussa?)

Silloin ei enään riitä ravintoa kaikille, joten yleinen nälänhätä on odotettavissa. Sen seurauksena voi olla laajamittaiset nälkäkuolemat ja yleinen elintason romahtaminen sekä monenlaiset konfliktit.

Näin lehdessä arvion jossa arveltiin maapallon keskilämpötilan nousevan jopa kuusi astetta vuosisadan loppuun mennessä, ellei mitään tehdä sen estämiseksi. Silloin myös kaikki lieveilmiöt moninkertaistuvat, myrskyt, hurrikaanit, pitkäaikaiset runsaat sateet ja toisaalla pitkäaikaiset kuivuusjaksot. Silloin viimeistään jäätiköt sulavat.

Jo nyt on raportoitu pohjoisnavan ja jäämeren alueella jopa 10 asteen lämpötila nousuja. Mutta jos talvella on esim. -50 astetta ja nyt vain -40 astetta, niin ei se ketään kiinnosta.

Toisinaan sieltä purkautuu hyvin kylmää ilmaa aina eteläeurooppaa myöten, mutta on huomattava että, samanaikaisesti sinne tulee tilalle huomattavasti lämpöisempää ilmamassaa, joka voi olla jopa lämpöasteiden puolella.

Ensi kerran historiassa on mitattu Etelämantereella plus 20,7 astetta lämmintä. Sekin on tullut muualta lämpöisiltä alueilta.

Jo tällä hetkellä ihmiskunta käyttää monilta osin enemmän luonnonvaroja kuin luonto tuottaa.

Aivan viime vuosina on puhuttu paljon siitä että, autokantaa tulee uudistaa jotta päästäisiin eroon vanhoista paljon hiilioksiidia tuottavista autoista.

Kuitenkin ulkomailta tuodaan ja sallitaan tuoda vanhoja, yleensä uutena kalliita autoja, jotka ovat varustettu isolla moottorilla ja vanhalla tekniikalla, joten ne myös saastuttavat eniten.

Edellinen perheautomme kulutti olosuhteista ja ajotavasta riippuen noin 4-4,5 litraa sadalla kilometrillä. Vaihdoimme sen uuteen itselataavaan hybridi autoon. Sitä kehuttiin oikeaksi "säästö autoksi", koska se kerää akkuvirtaa jarrutuksista, alamäen rullauksista ja odotellessa liikennevalojen vaihtumista ja niin edelleen.

Kuitenkin tämä uutuus vie noin 6 litraa sadalla kilometrillä, joten kulutus on lähes 2 litraa suurempi kuin edellisessä.

Kuvitelkaa mielessänne, jos maapallolla ei olisi ollut koskaan yhtään sotaa eikä kukaan olisi tappanut toista ihmistä tahallaan, niin kuinka suuri olisi nyt ihmiskunta ja mitä siitä olisi seurannut?

Ihmiskunta on ollut hyvin vähän aikaa maapallolla, verrattuna koko maapallon ikään, maapallo ei tarvitse ihmistä, sen luonnon monimuotoisuus menestyisi paljon paremmin ilman ihmiskuntaa.

Loppupäätelmänä voin olettaa että ilmaston muutos tulee olemaan vakavampi uhka kuin mitkään muut mahdolliset uhat, kuten kolmas maailmasota tai muut suuret luonnon katastroofit.

Köyhä nuorimies

Olipa kerran Itäisillä mailla eräs hyvin köyhä
nuosimies kävelemässä aivan yksinään peinen
kaupungin kujia.

Pojalla oli taskussaan vain pieni leivänpala ja
vesileili vyöllään, jossa oli tilkka vettä.

Tulipa vastaan kerjäläinen, joka pyysi pientä
leivänpalaa henkensä pitimeksi. Kertoi oleensa jo
monta päivää syömättä ja nyt nälkäkuolema
uhkaa.

Niin poika antoi ainoan leipäpalansa kerjä-
läiselle, koska ymmärsi sen olevan tarpeellisempi
hänelle kuin itselle.

Tulipa vastaan toinen kerjäläinen, joka pyysi
vettä, kertoen olleensa jo kauan juomatta ja nyt
pelkää kuolevansa janoon.

Niin poika antai ainoan vesileilin kerjäläiselle,
ettei kerjäläisen kuolema olisi ainakaan hänen
vikansa.

Niin poika jatkoi matkaansa. Tulipa vastaan
vanha kerjäläinen, joka oli melkein alasti, vain pieni
lannevaate verhosi. Ukko kerjäsi: Anna hyvä
mies paitasi, muuten aurinko kärventää minut
kuoliaaksi.

Poika antoi paitansa. Kerjäläinen kütteli kovin ja sanoi: Jumala palkitsee sinut monin kerroin.

Poika jatkoi matkaansa ja näki kerjäläisen istuvan kujalla. Kerjäläinen itki ja kertoi jalkapohjansa olevan niin kipeät, ettei hän voi kävellä, koska terävät kivet tuottavat suuren tuskan.

Niin poika riisui sandaalinsa ja laittoi ne kerjäläisen jalkoihin. Kerjäläinen kütteli sanoen: Jumala palkitsee sinut monin kerroin.

Poika jatkoi matkaansa. Kujalla istui kerjäläinen, jolla oli vain pieni olkituppo verhonaan. Kerjäläinen aneli: Anna hyvä mies minulle housusi että, voin mennä ihmisten ilmoille, muuten kuolen häpeään.

Niin poika riisui housunsa ja antoi ne kerjäläiselle. Itselle jäi vain pienet alushousut, jotka peittivät hänen lanteensa ja miehuutensa. Kerjäläinen sanoi: Jumala palkitsee sinut monin verroin.

Tuli ilta ja poika oli jo hyvin viluinen ja uninen. Silloin varjosta tuli hahmo, joka neuvoi pojalle yösijan, sanoen: Mene tuon kallion itäsivulle, sieltä löydät luolan jossa voit nukkua turvassa.

Niin poika lähti etsimään luolaa ja löysikin sen. Kiitollisena meni olkikasaan nukkumaan. Oljet kietoutivat hänen ympärilleen, jolloin hänellä

oli lämmin ja pehmeä makuusija. Niin hän nukahti
heti. Aamulla hän heräsi virkeänä auringon valon
virratessa kirkkaasti luolan perälle asti.

Poika hämmästyi kovin, huomatessaan että, oli
nukkunut pehmeällä vuoteella silkkilakanoiden
välissä.

Kun hän katsoi ympärilleen, niin näki pitkän
pöydän täynnä mitä herkullisimman näköisiä
ruokia ja juomia. Seinustalla oli kasoittain erilaisia
vaatteita ja jalkineita.

Poika alkoi huhuilla: Onko täällä ketään tai
kukaan. Haluan kiittää hyvästä yösijasta ja
turvasta.

Mutta kukaan ei vastannut mitään. Varmuuden
vuoksi poika huusi: Jumala palkitsee teidät monin
kerroin.

Niin hän meni ulos, koskematta mihinkään.
Tyhjensi rakkonsa, kääntyi palatakseen luolaan,
mutta, mutta luolan suuaukko olikin hävinnyt, oli
vain kinteää kalliota.

Poika jatkoi matkaansa ja tuli basaarialueelle.
Ensimmäisessä kojussa myytiin paitoja.

Kauppias viittoili pojan luokseen ja tarjosi
pojalle paitojaan. Poika sanoi ettei hänellä ole
rahaa millä maksaa.

Silloin kauppias sanoi: Anna senverran kuin taskussasi on.

Poika laittoi käden pieneen taskuunsa näyttääkseen sen olevan aivan tyhjä. Hämmästyi kovin löytäessään taskustaan kolikon ja näytti sen kauppiaalle, tietämättä sen arvoa.

Kauppias hyväksyi sen maksuksi ja antoi pojalle paidan. Paita olikin hyvin kaunis ja aivan sopivan kokoinen.

Seuraava kauppias myi housuja. Kauppias sanoi pojalle: Osta minulta uudet housut itsellesi.

Mutta poika sanoi: Ei minulla ole rahaa. Silloin kauppias sanoi: Anna senverran kuin taskustasi löytyy.

Poika laittoi käden taskuunsa ja hämmästyi kovin löytäessään sieltä kolikon, jonka arvoa hän ei tiennyt. Näytti sen kauppiaalle, joka hyväksyi sen maksuksi. Niin poika sai uudet kauniit housut jalkoihinsa.

Seuraava kauppias tarjosi sandaaleita, mutta poika sanoi: Ei minula ole rahaa.

Silloin kauppias sanoi: Anna senverran kuin taskustasi löytyy.

Poika laittoi käden taskuunsa ja hämmästyi kovin löytäessään sieltä kolikon, jonka arvoa hän ei tiennyt.

Näytti sen kauppiaalle, joka hyväksyi sen maksuksi. Niin poika sai uudet kauniit sandaalit jalkoihinsa.

Seuraavana oli kauppias joka myi pojalle pitkän leivän, jonka poika taittoi kahteen osaan ja laittoi ne paitansa sisään.

Seuraava kauppias myi vesileilejä, jotka olivat täynnä vettä.

Taas poika löysi taskustaan sopivan kolikon. Poika söi puolikkaan leivästä ja joi vettä leilistään. Nyt poka oli vaatetettu ja ravittu.

Seuraavan kerren kun hänelle tuli nälkä, niin hän löysi paitansa sisältä vieläkin kaksi leivän puolikasta. Vesileilikin oli vielä täynnä.

Vaelsipa poika kylän markkinoille, jossa oli myytävänä komea satuloitu ratsu.

Hevoskauppias tarjosi ratsuaan pojalle, mutta poika sanoi ettei hänellä ole rahaa ostaa mitään. Kuitenkin kauppias sanoi:

Maksa senverran kuin taskussasi on. Poika laittoi käden taskuunsa ja tunsi siellä olevan oikein suuren kolikon.

Kun hän otti sen taskustaan, niin näki sen olevan arvokkaan kultakolikon.

Hevoskauppias hyväksyi sen maksuksi ja niin pojalla oli oiva hevonen.

Ennen kuin hän ehti nousta ratsaille, tuli siihen eräs kauppias, joka myi erilaisia rohtoja.

Rohtokauppias näytti pientä pulloa ja sanoi pojalle: Osta tämä lääke, se parantaa kaikki taudit.

Älä kuitenkaan ota pisaraakaan terveenä, äläkä anna toisenkaan terveen ottaa, sillä aine tekee terveistä sairaan, mutta sairaasta terveen. Sen tähden sinun tulee tarkoin harkita kenelle ja montako tippaa annat, jotta et antaisi liikaa ja siten myrkyttäisi tervettä.

Poika sanoi: Ei minulla ole millä maksaa. Silloin rohtokauppias sanoi: Anna senverran kuin taskussasi on.

Poika kaiveli taskujaan ja löysi kolikon, jonka arvoa hön ei tiennyt. Kuitenkin kauppias hyväksyi sen maksuksi.

Niin poka lähi ratsastamaan aavikon poikki. Keskipäivän aikaan hän tuli pienelle keitaalle, jossa lepäsi kaikkein kuumimman ajan.

Kaatoi leilistään hevosen suuhun vettä, niin paljon kuin hevonen halusi ja silti leili oli vielä täynnä.

Levättyään jatkoi matkaansa ja saapui suurelle keitaalle, jossa oli Ruhtinaan palatsi.

69

Pihalla kuuli että, Ruhtinaan tytär oli yöllä sairastunut johonkin outoon tautiin.

Ruhtinaalla oli myös visiiri, joka oli hyvin ahne. Hänen nimensä oli Ahmed.

Ahmed oli kauan halunnut tulla Ruhtinaaksi Ruhtinaan paikalle. Hän tiesi että, Ruhtinaalla on jossakin piilossa aarrekammio.

Sen ovea hän oli etsinyt jo monta vuotta, löytämättä sitä, eikä hän voinut kysyä sen piilopaikkaa Ruhtinaalta.

Hänen uusin suunnitelmansa ole ottaa Ruhtinaan tytär vaimoksi, toivoen näin selvittävänsä aarrekammion salaisuuden.

Ahmed haaveili aarteilla palkkaavansa suuren sotajoukon, jolla voisi ensin valloittaa tämän keitaan palatseineen ja syrjäyttää sen hallitsijan ja korottaa itse itsensä Ruhtinaaksi.

Mutta nyt tyttären sairastuminen uhkasi hänen suunnitelmiaan, joten hänkin halusi kiihkeästi tyttären tervehtymistä.

Poika pyysi päästä Ruhtinaan puheille. Ruhtinas ottikin hänet vastaan.

Poika sanoi Ruhtinaalle: Kuulin että, tyttärenne on sairastunut, jos sallitte, niin yritän parantaa hänet.

Ruhtinas ilahtui pojan sanoista ja vei hänet tyttärensä huoneeseen, joka oli tummien varjojen peitossa.

Tytär oli aivan valkoinen ja verettömän näköinen ja makasi vuoteellaan aivan liikkumatta, aivan kuin hän olisi ollut kuollut, vain heikko hengitys paljasti hänen vielä elävän.

Poika otti lääkepullonsa ja avasi korkin. Nyt hän näki että, pullossa oli hyvin pieni suu, josta ei voinut tulla kuin yksi tippa kerrellaan.

Poika tipautti yhden tipan tytön huulille. Hetken kuluttua niissä alkoi veri kiertää ja terve puna palasi huuliin.

Tyttö nuolaisi huuliaan. Muuta elonmerkkiä ei vielä näkynyt. Nyt kun huulet olivat vähän raollaan, niin poika tiputti toisenkin pisaran tytön suuhun.

Tyttö alkoi räpytellä silmäluomiaan ja henkäisi syvään. Silloin poika meni ja aukaisi ikkunat, jolloin huoneeseen tuli lisää valoa ja raitista ilmaa. Samalla tumma varjo väheni huoneesta, se leijui enään vuoteen yllä.

Silloin poika kääntyi Jumalan puoleen ja rukoili neuvoa ja opastusta. Vihdoin poika, saanatta selkeää vastausta rukoukseen, päätti antaa vielä yhden tipan tytölle.

Kallistaessaan pulloa tytön huulille, niin kätensä vapisi senverran että, pullosta tipahtikin kaksi tippaa.

Poika pelästyi, tuliko nyt annettua liikaa. Se pelko oli turha, koska kaksi tippaa oli juuri se olkea määrä.

Nyt tytön veri kiersi kunnolla ja hänen tautinsa haihtui, samalla myös tumma varjo pakeni huoneesta ja koko huone tuli valoisaksi.

Neito nousi istumaan ja Ruhtinaan kanssa kilvan kiittivät pokaa ja halusivat palkita hänet suurilla lahjoilla. Kysyivät mitä poika haluaisi palkakseen.

Ruhtinas näki että, poika ja tytär olivat selvästi ihastuneet toisiinsa, mutta sen oli myös Ahmed huomannut.

Ahmed pelkäsi unelmansa särkyvän, siksi hän syöksyi pojan kimppuun ja ryösti taikapullon hänen kädestään. Nosti sen huulilleen ja sai siitä monta tippaa suuhunsa.

Aine meni hänen aivoihinsa ja siellä moninkertaisti hänen ahneutensa, aivan hulluuteen asti.

Ahmed veti miekkansa ja aikoi lyödä sillä pojan halki. Aivan viimehetkellä poika sai väistettyä iskun.

Isku osuikin koko voimallaan seinään, jolloin seinä halkesi ja siihen tuli miehen mentävä halkeama. Seinän takana olikin Ruhtinaan aarrekammio. Ahmed tunkeutui kiivaasti kammioon.

Heti hänen mentyään seinä umpeutui, eikä siinä näkynyt merkkiäkään miekan iskusta.

Nyt Ahmed oli vihdoinkin koko aarrekammion valtias, aivan elämänsä loppuun saakka.

Tosin hän ei päässyt sieltä enää pois elävänä.

Ahmed oli pudottanut taikapullon ja kotkin lattialle, josta poika löysi ne.

Katsoi pulloa valoa vasten ja näki että, se oli vieläkin ihan täysi.

Kuten saduissa yleensäkin, niin tässäkin sadussa poika sai tyttären puolisokseen ja pojasta tuli kuuluisa lääkäri, joka osasi parantaa kaikki mustanvarjon aiheuttamat taudit.

Sen pituinen se

Nykyajan narratiivit.

Osa on tiedemiesten vakavalla naamalla kertomia uskomattomia väittämiä. Osa on erilaisten poliittisten ja uskonnollisten piirien ja lahkojen totuutena pitämiä väittämiä. Yhteistä niille on, ettei niitä saisi arvostella eikä epäillä.

Mutta joku on sanonyt: "Vain epäilemällä totuuteen". Jos kiellämme epäilyn, niin samalla estämme totuuden etsinnän.

Joku toinen on sanonut: "Vähä kiusa totuuden etsijöistä, "totuuden" löytäneistä on viha ja villitykset lähtöisin".

Kolmantena ryhmänä ovat terroristit. Niistä pahimpia ovat valtioiden harrastama terrori, jotka terrorisoivat omia ja naapuriensa kansalaisia siinä määrin että, kansalaisten on paettava muihin maihin turvaan, tai niin he ainakin toivovat ja uskovat.

On aivan selvää ettei kukaan lähde kotoaan jos ulkoiset olot ovat turvalliset, vaikka muuten olisikin köyhyyttä ja hankalat elinolosuhteet.

Ainoastaan silloin jos luonnon olosuhteet muuttuvat sietämättömiksi, esimetkiksi pitkäaikaisen kuivuuden tuhotessa satoja tai jokin muu aiheuttaa niin valtavan luonnon katastroofin että, elämisen edellytykset tuhoutuvat. Silloin heistä tulee elintasopakolaisia.

On uskomatonta ettei Yhdistyneet kansakunnat eivätkä muutkaan yksittäiset valtiot pyri mitenkään puuttumaan todellisiin syihin, eli torjumaan valtioiden harrastamaa terroria, vaan ne kaikki yrittävät estää ihmisten pakoa ja jopa palauttamaan ihmisiä lähtömaihinsa vaikka hyvin tietävät että, pakolainen mahdollisesti murhataan kotimaassaan, joko valtion toimesta tai villinä rehottavan rerrorismin seurauksena.

Luin tänään 26.1.2020 Salon Seudun Sanomista että, Suomi karkoittaa pakolaisen joka on asunut Suomessa yli kymmenen vuotta.

Mielestäni pakolainen / maahanmuuttanut henkilö, joka on asunut Suomessa yhtäjaksoisesti viisi vuotta, niin hänelle tulee antaa automaattisesti Suomen kansalaisuus. Suomen kansalaista ei voi karkoittaa Suomesta. Ei ainakaan niin että perhe viranomaisten toimesta hajoitetaan. Vaimo viedään Albaniaan lapsensa kanssa ja mies Magedoniaan. Kun on lapsiakin, niin se on hyvin julmaa heille. Hurskaasti sanotaan: "Minkä Jumala on yhdistänyt, sitä ihmiset ei saa erottaa", paitsi viranomainen.

Valitettavasti myös pakolaisten joukossa on rikollisia ja terroriin aivopestyjä ihmisiä.

Nämä rikolliset terroristit saavat myös muut pakolaiset näyttämään samanlaisilta. Se on suurin syy pakolaisten vieroksuntaan.

Koska yksittäiset tapaukset yleistetään. Tämä on myös rasismin ja antisemitismin taustalla. Se mahdollistaa myös yllytykset kansanryhmiä vastaan.

Tulisi olla kaikkien maailman valtioiden kesken sopimus, että rikoksista tuomitut kärsivät tuomionsa omassa kotimaassaan, silloin karkotukseen ei liittyisi rasistisia eikä mielivaltaisia syitä.

Sellainen ulkomaan kansalainen joka tekee rikoksen, esim. terroriteon, josta suomalainen tuomioistuin antaa pitkän ehdottoman vankila tuomion lähetettäisiin kotimaahansa. Kuitenkin tässäkin pitää olla joku tolkku, ettei aivan vähäisistä rikkeistä karkoiteta.

Perussuomalaisten nykyinen johtaja Halla-aho tuomittiin oikeudessa rasistisista puheista ja yllytyksestä kansanryhmää vastaan. Nyt Halla-aho vaatii toistuvasti että, sellaiset lainpykälät on poistettava lakikirjoista joiden perusteella hänet tuomittiin. Toisin sanoen laittomuus halutaan muuttaa lailliseksi. "Se mikä ei ole kiellettyä, on sallittua".

Nyt uusnatsit Suomessakin väittävät ettei mitään holokaustia ole koskaan tapahtunutkaan, vaikka natsit tappoivat yli seitsemäntoista miljoonaa ihmistä, niistä oli kuusi miljoonaa juutalaisia.

Nähdään pakolaiset maanvaivana mutta ei mitenkään puututa alkusyihin, torjutaan vain seurauksia. Päinvastoin tyrannihallinnot tukevat toinen toisiaa. Sillä tavalla suojelevat omaa hallintoaan.

Pakolaipolitiikka on kaikissa maissa epädemokraattinen, koska pakolaisia ei nähdä ihmisenä, vaan roskana joka halutaan lakaista pois.

En ole koskaan käynyt yhdessäkään pakolaiskeskuksessa joten en tiedä mitään niiden toiminnasta tai toimimattomuudesta. Kuitenkin kirjoitan tähän kuinka minä haluaisin niiden toimivan. Ehkä ne toimivatkin niin.

Ensiksikin pakolaisiin ja muihinkin maahanmuuttajiin tulee suhtautua jokaisen ihmisarvoa kunnioittaen ja autttaa heitä uuden elämän luomiseessa.

Vastaanottokeskukset olisivat tehokkaita oppilaitoksia joissa opetetaan intensiivisesti suomenkieltä noin puolenvuoden ajan, tarvittaessa pidempäänkin.

Samalla kartoitetaan jokaisen yksilön henkinen ja fyysinen terveys sekä hänen tietonsa ja ammattitaitonsa sekä taipumuksensa. Niiden tietojen pohjalta annetaan tehokasta yksilöllistä koulutusta, jotta hän olisi mahdollisimman pian kykenevä siirtymään työelämän palvelukseen.

Valitettavasti on "työlupa" käytäntö, se tarkoittaa ettei Suomessa saa ulkomailta tullut henkilö tehdä mitään työtä ennenkuin on saanut siihen hallinnolta luvan.

Ajatus on aivan väärä ja rasistinen, päinvastoin "työlupa" tulee tarkoittaa että, kaikilla työikäisillä ja työhön kykenevillä on oikeus, tai jopa velvollisuus tehdä työtä omansa ja perheensä elättämiseksi.

Nykyinen "Työlupa" mahdollistaa jopa vuosien mittaisen yhteiskunnan varoin loisimisen, vaikka maahanmuuttajat eivät itse sellaista halua, vaan se on puhtaasti hallinnollinen vitsaus.

Olisi suotavaa jos näille henkilöille löydetään tukihenkilö, joko yksityinen mentori, bisnesenkeli tai jonkun yhdistyksen tai työnantajan taholta.

Myös ammattiyhdistys liikkeen tulisi ottaa nämä välittömästi suojelukseensa estämään heitä joutumasta lakonalaisten töiden rikkureiksi tai muuhun työhön orjapalkalla.

Vaan huolehtisivat siitä että myös heitäkin kohdellaan samalla tavalla kuin muitakin järjestäytyneitä työläisiä.

Koska suomessa on muutamilla aloilla huutava työvoimapula, niin tutkitaan jos niistä edes muutaman saisi oppimaan näitä vähemmän houkuttelevia töitä.

Monet maahanmuuttajat ovat jo valmiiksi ammattitaitoisia, jopa korkeakoulu tutkinnon suorittaneita, lääkäreitä, insinöörejä ja muidenkin alojen ammattilaisia, heille tulisi järjestää pikaisesti työtä ja omaa toimeentuloa.

Jättäkää hyvät ihmiset turhat paperinpyöritykset vähemmälle ja keskittykää oleelliseen.

Välillä tuntuu kuin valituksia käsittelisi "vakuutuslääkäri", joka tekee ratkaisut vain papereita pyörittämällä, kuulematta / näkemättä itse henkilökohtaisesti valittajaa. Myös papereissa saattaa olla puutteellisuuksia tai jopa virheitä joita pakolainen ei voi mitenkään oikasta, koska häntä itseään ei kuulla.

Työehdot.

Yksityisellä sektorilla on yleisenä ja yleisesti hyväksyttynä käytäntönä, jos firman toimitusjohtaja tekee ominpäin jotain sellaisia toimia tai ratkaisuja joita firman omistajat eivät hyväksy, niin silloin toimitusjohtaja erotetaan työstään välittömästi, siten ettei hän voi sen jälkeen mennä edes entiseen työhuoneeseen hakemaan omia tavaroitaan, vaan sen tekee hallituksen puheenjohtaja tai hänen valtuuttamansa henkilö.

Pyrkimyksenä on estää näin liikesakaisuuksien vuotaminen papereista ja tietokone tiedostoista.

Kuitenkin syntyi hullunkurinen tilanne postilakon aikana, kun Postin toimitusjohtaja työnantajaansa kuulematta ja ilman siunausta yritti alentaa osan henkilökuntansa palkoja, jopa puolella.

Surkuhupaisinta oli se että, nyt työnantajaa edustava omistajaohjaus ministeri jota voidaan verrata yksityisen sektorin hallituksen puheenjohtajaksi, erotettiin ja toimitusjohtaja jatkoi johtamistaan aivankuin ei olisi mitään sattunut. Tämä oli mahdollista vain, koska maan hallitus oli täysiä mänttejä ja käytännön asioista tietämättömiä.

Silloinen pääministeri Rinne, vaikka hänellä oli ammattiyhdistys tausta ja on ilmeisesti usein osallistunut työmarkkinaneuvotteluihin, niin ei ole koskaan osannut katsella asioita myös työnantajan näkökulmasta. Sellaisia on helppo höynäyttää.

Myös postilakon "jälkipyykin pesijät" näyttävät olevan aivan yhtä tietämättömiä asian ytimestä, siksi he näpertelevät epäasioilla saadakseen edes jotain tehtyä palkkansa eteen.

Samallainen tilanne on nyt Vekkauksen kohdalla. Laki määrää kilpailuttamaan suuret sopimukset, joissa on aina 6 kuukauden valitusaika, mutta Veikkauksen johto pimitti tiedon sopimuksesta, niin valitus aika meni umpeen. Vain pieni sääntökorjaus pelastaisi tilanteen. "6 kk. Valitusaika alkaa silloin kun valtio saa tiedon siitä", eli toimitusjohtaja erotetaan ja sopimus mitätöidään ja suoritetaan vihdoinkin kilpailutus. Tehdäänkö näin? Älä unta nää!

Yleensä ammattiyhdistys liikkeet tukevat toinen toisiaa jopa tukilakoilla. Kuinka on mahdollista että on syntynyt työläisten liitto joka on selkeästi huonompi kuin muut liitot. Eikö muiden liittojen solidaarisuus riitä tukemaan ja painostamaan myös tätä "Ale-Palkka" liitoa sen saattamiseksi muiden tasolle, vai ovatko sen jäsenet niin tyhmiä etteivät osaa vaihtaa liittoa.

Jos kaikki jäsenet eroaisivat sellaisesta liitosta, ja liittyisivät muihin "normaaleihin" liittoihin, niin Ale-Palkka liitto kokisi "luonnollisen kuoleman".

Hallitusten näkökulmasta on ollut jo pitkään hokema ettei hallitus ole työmarkkina osapuoli. Tämä on kuitenkin hölmö ajatus, koska hallitus on aina valtioyhtiöiden työnantaja ja siten myös täysivaltainen työntekijöiden ja työnantajana keskinäiseen palkkojen ja työehtojen sopimuspuoli. Kuitenkin tämäkin on "ulkoistettu" toimitusjohtajalle.

Valtio on jo pitkään myynyt omistamistaan yhtiöistä osia vapaaille markkinoille. Heti kun valtion omistusosuus jää vähemmistöön, niin hallintavaltakin siirtyy muille, jolloin valtio ei enää ole työmarkkina osapuoli.

Maan hallitukseen tulisi valita aina henkilöitä jotka ymmärtävät myös arkipäivän käytäntöjä.

Tämä on lähes mahdoton vaatimus, koska eduskuntavaaliehdokkailta, eikä muihinkaan vaaleihin osallistuvilta ehdokkaille ei aseteta vaatimusta: "Rehelliseksi tunnettu ja moitteeton".

Koska rehellisyyttä ja moitteettumuutta ei aseteta etusijalle, niin se mahdollistaa myös tuomioistuimissa tuomittujen rikollisten vaaliehdokas kelpoisuuden.

Tähän pitäisi myös lisätä: "Järkeväksi tunnettu". Tälläkin hetkellä eduskunnassa on entinen demari joka vaihtoi punaisen takkinsa kokomustaan. Innokkaasti esitti työllisyyttä parantavan ehdotuksen, joka olikin pelkkä "sammakko", koska hän ehdotti että, työttömien on ryhdyttävä puhelinmyyjiksi. Tuskimpa hän itsekään siihen ryhtyy jouduttuaan työttömäksi. Tässä "puhelinmyyjällä" ei tarkoiteta puhelinten myyntiä.

Moitteettumuuden vaatimus ei toteudu jos valitaan henkiloitä jotka ovat todistettavasti valehdelleet koko kansaan edessä, esim. television välityksellä.

Jos ehdokkaalla on luottotietorekisterissä ruma tahra, niin ei häntäkään tule valita, koska jos ihminen ei osaa hoitaa omaa talouttaan, niin kuinka hän osaisi hoitaa valtion, kunnan ta EU:n talousasioita.

Todellisuudessa on aivan sama minkälaisia kansanedustajat ovat, koska puolue- ja ryhmänjohtajat kuitenkin määräävät kuinka edustajan tulee äänestää.

Ei siinä vaadita keneltäkään "omantunnon ääntä", **riittää kun tekee niinkuin käsketään.** Tämä ei ole demokratiaa, vaan harvain valtaa.

Usein hurskaasti sanotaan: "Politiikka on yhteisten asioiden hoitamista". Todellisuus on kuitenkin toinen. Poliitiikkaa harjoittavat henkilöt hoitavat kuitenkin ensisijaisesti omia ja oman ryhmänsä etuja.

Kuinka voidaan palauttaa aito demokratia? Vaikea kysymys.

Kansanedustajan tulisi sisäistää se että, hän edustaa koko kansaa, eikä vain itseään ja omaa puoluettaan. Ja että hän on kansan palvelija eikä hallitsija.

Omantunnon ääni tulisi olla jokaisen edustajan tärkein työkalu. Äänestystilanteissa jokaisen tulisi kuunnella pelkästään omaa omantunnon ääntä eikä alistua toisten määrättäväksi.

Edustajilla tulisi olla vain kolme painonappulaa, vihreä, punainen ja valkoinen. Vihreää tai punaista nappulaa painaessa eduskunnan valotaululle tulisi vain kuinka monta ruotsinkielistä Jaa ääntä ja montako suomenkielistä Ei ääntä tulee, mutta ei sitä kuka äänesti mitenkin, jolloin kukaan ei voi tarkasti nimetä edustajaa joka on omasta mielestä väärässä.

Valkoisella napilla edustaja ilmoittaa halukkuudensa sanoa vielä painavan sanansa.

Yleiskeskusteluissa on mahdollista että, joku edustaja on kovin passiivinen, silloin puhemiehen tulisi kysyä myös hänenkin mielipidettään.

Jos edustajalla ei ole toistuvasti mitään järkevää sanottavaa, niin tulisi laatia jonkinlainen mekanismi jolla edustaja voidaan korvata varamiehellään.

Tämäkin on pelkkää hurskastelua, koska näin ei tulla koskaan toimimaan.

Demokratian käsitys on lienaan alkujaan antiikin Kreikasta lähtöisin. Suurimmalle osalle maailman maista se on aivan outo ja utopistinen käsite. Joten sen pääalue rajoittuu eurooppaan ja euroopasta lähteneisiin kansoihin.

Tosin on ollut muutamia maita joiden viralliseen nimeen liittyy "Demokraattinen kansan tasavalta", se ei kuitenkaan tarkoita että, maassa vallitsisi demokraattinen hallinto.

Myös monissa nykyisissäkin "demokraattisissa" valtioissa demokratiaa poljetaan lokaan. Esim. sananvapautta rajoitetaan yli sadassa maassa.

Esimerkiksi Yhdysvalloissa, jota pidetään demokraattisena maana, siellä presidentin vaaleissa kilpailevat vain ökyrikkaat. Tärkein kriteeri on kuka saa eniten kannattajikseen miljardöörejä.

Kukaan ei kerro kuinka he suuressa viisaudessaan johtaisivat kansakuntaa. Kansan on valittava joku heistä.

Demokratiassa kaikki ovat tasa-arvoisia, mutta toiset ovat tasa-arvoisempia kuin toiset. Osa on aivan arvotonta rupusakkia, kun taas osa on omasta- ja kannattajiensa mielestä aivan korvaamattoman arvokkaita.

Kuitenkin jokainen on omassa ryhmässään "tasa-arvoinen".

Roistovaltiot:

Kaikkein karmein esimerkki on Pohjoiskorea. Aikanaan Neuvostoliitto nosti köyhän maalaispojan nukkehallitsijaksi sinne. Vallanmakuun päästyään tämä nukke jakoi oman kansansa kolmeen kastiin: "Kannattajiin", epäilijöihin ja vastustajiin.

Vastustajat murhattiin / murhataan järjestelmällisesti. Epäilijät suljettiin, tai edellleen suljetaan keskitysleireihin orjatyövoimaksi, joissa suurin osa kuoli tai kuolee nälkään ja hoitamattomiin tauteihin.

Nykyiset "kannattajat" eivät uskalla näyttää vähäisessäkään määrin epäilyjään saatikka vastustaa missään asiassa, koska tietävät mitä siitä seuraa. Se selittääkin Pohjoiskorean kansan hullunkurisen käytöksen.

Myös "kannattajat" ovat valtion orjia, joiden palkkatulot ryöstetään ja annetaan vain pieni osa orjille.

Kuitenkin Kiina ja Venäjä suojelevat ja suosivat tätä valtion harjoittamaa terroristista hirmuhallintoa.

Kiinalaisiin tuotantolaitoksiin palkataan Pohjoiskorealaisia naisia joilla on pienet lapset kotona.

Ei sellaiset naiset voi vastustella saatikka karata työpaikaltaan ja mihin he voisivatkaan mennä sillä Kiina palauttaisi heidät takaisin. Se merkitsisi varmaa kuolemantuomiota.

Myös euroopassa, esimerkiksi Puolan laivan-rakennus telakoilla on Pohjoiskorealaisia orja-työläisinä, saaden itse vain vähäisen osan palkastaan. Pääosa palkasta viedään diplo-maatti postina Kiinan kautta Pohjoiskorean hallinnolle. (lähde: YLEn julkaisema MOT ohjelma).

Sellainen valtio tai yksityinen henkilö joka tukee tai rahoittaa terrorismia on itse myös terroristi ja pahuuden palvelija. Useinkaan he eivät sitä itse tajua.

On huomattava että, myös Yhdysvallat nosti aikanaan Saddam Husseinin Irakin hallitsijaksi, josta myös vähitellen kasvoi suuruudenhullu kusipäinen hirmuhallitsija.

Satu Muna-Liisasta:

Olipa kerran pieni Liisa tyttönen, joka asui äitipuolensa kanssa metsän keskellä pienessä mökissä.

Liisan tehtävänä oli huolehtia kanoista ja kerran viikossa käydä läheisen kylän torilla myymässä kertyneet munat.

Eräänä sateisena päivänä Liisa kulki metsäpolulla joka oli tullut hyvin liuk-kaaksi. Niimpä hän liukastui ja kaatui. Samalla myös kaikki munat lensivät pois korista ja menivät rikki.

Niin Liisan oli palattava takaisin mökille ja oli kerrottava tämä kauhea onnettomuus äitipuolelle.

Äitipuoli olikin vanha noita joka suuttui Liisalle niin hirmuisesti että, hän taikoi Liisan sammakoksi.

Nyt sammakko joutui rypemään vesi-lammikossa.

Tulipa siihen lammikon reunalle myös suuri urossika joka aikoi syödä sammakon suuhunsa.

Samalla hetkellä kun sika työnti kärsänsä sammakkoon, niin samalla myös taika särkyi ja Liisa tuli entiselleen.

Liisa oli tapahtuneesta niin kiitollinen sialle että, otti sian aviopuolisokseen ja muutti asumaan sian kanna lättiin.

Oliko tämä satu pelkkää satua? Olen pitkän ikäni aikana nähnyt useita naisia jotka ovat ottaneet sikamaisen miehen aviopuolisokseen.

Juba Tuomola on myös kuvaa niitä mainiosti sarjakuvissaan "Viivi ja Wagner".

Huume kartellit:

Huumeita on käytetty jo varhaisista ajoista alkaen. Niistä on käyty jopa sotia, esimerkiksi kaksi ooppiumi sotaa 1800 luvulla, josta ensimmäinen (1839-1842) käytiin pääasiassa Britannian ja Kiinan välillä. Toiseen oopiumisotaan (1856-1860) liittyi myös Ranska. Sotien syynä oli Englannin Itä-intian kauppakomppanian 1800 luvulla harjoittama oopiumin salakuljetus Kiinan markkinoille.

Oopiumi oli Britannian tärkein tulolähde ja se oopiumi tuotettiin Intiassa ja se kävi hyvin kaupaksi Kiinassa. Intia oli Brittien alusmaa siihen aikaan. Britannia sai Kiinalta huomattavia myönnytyksiä oopiumsotien seurauksena, merkittävin oli Hongkong.

Toinen oopiumisota toi kaikille alueella toimiville ulkomaille merkittävästi valtaa Kiinassa.

Ehkä oopiumi oli yksi merkittävä syy nykyisen kommunistisen hallinnon luomiseen.

Intialaisen oopiumin vienti Kiinaan loppui vasta ensimmäisen maailmansodan edellä, kun maat sopivat vuonna 1906 kaupan asteittaisesta vähentämisestä.

Nykypäivänä oopiumin tuotanto ja käyttö on marginaalista. Sitä tuottavat vain muutamat kehitysmaat, koska maanviljelijät saavat unikon viljelystä paremman vuosiansion kuin rehu- ja / tai leipäviljasta.

Perussyy on länsimaiden maataloustuista, niin kansallisista kuin Euroopan Unioninkin maksamista tuista joilla elintarvikkeiden maailmanmarkkina hinta saadaan niin alas etteivät kehitysmaat joissa ei makseta maataloustukia, voi mitenkään tuottaa niin halvalla että, voisivat kilpailla maailmanmarkkinoilla.

Varsinkin kun länsimaiden myrkynkeittäjät, eli keinolannoitteiden ja "kasvinsuojelu" mykkyjen valmistajat ovat saaneet viljelijät niistä riippuvaisiksi. Ne ovat kalliita ja ne tuhoanat maaperän luontaisen kasvualustan jossa ei enään kasva mitään ilman lannoiteita ja "kasvinsuojelu" myrkkyjä. Joten luonnonmukainen viljely on jäänyt historiaan. Ja niin viljelijöistä on tullut länsimaiden orjia.

Tämänpäivän huumeita ovat kokaiini, heroiini sekä lukuiset muuntohuumeet, joita kehitetään jatkuvasti, ne ovat erittäin myrkyllisiä ja tappavia sekä kalliita ostoksia.

Kaikkien maiden tullivirkailijat, rajavartijat ja poliisit yrittävät epätoivoisesti estää huumeiden pääsyn maahan.

Se on loputonta taistelua, koska salakuljettajat keksivät jatkuvasti uusia tapoja ja menetelmiä. Mutta sitä ei voi sanoa vielä sodaksi, koska ei määrätietoisesti ja tehokkaasti tuhota huumeiden valmistus tehtaita eikä niitä levittäviä huumekartelleja.

On ainakin yksi Etelä-Amerikan maa jonka hallinto on selkeästi joutunut huumekartellien valloittamaksi, ilmeisesti maan presidentti on samalla myös suurin huumekartellien pomo. Tämän hallinnon myötä kokaiinin tuotanto on siellä lähes kaksinkertaistunut.

Kun eräät ulkomaat kritisoivat ja lievästi uhkailivat sitä, niin Venäjä ilmoitti selkeästi ettei muiden tule sekaantua maan sisäisiin asioihin. Vaikka itse niin tekee.

Monissa maissa on ollut tai on vieläkin mahdollista että, sarja- ja joukkomurhaajat teloitetaan. Myös huumeiden valmistajat ja myyjät ovat niitä, koska joka maassa kuolee joka vuosi valtava määrä ihmisiä huumeisiin.

Olisi vihdoinkin aika kaikkien maiden alkaa tehokas sota huumeita vastaan käyttäen tehokkaita menetelmiä yhdessä ja erikseen vaikka joku maa vastustaisikin sitä. Tuhoamalla huumeiden tuotantolaitokset ja hirttämällä huumekartellien pomot isoimmasta pienimpään.

Sekä takavarikoimalla kaikki varat jotka on huumeilla saatu.

Antamalla näin selkeän viestin kaikille huumeita valmistaville ja välittäjille että, näin heidän käy jos eivät välittömästi lopeta toimintaansa.

Takavarikoiduilla varoilla tulisi auttaa huumeriippuvaisia pois huumehelvetistä takaisin normaaliin elämään.

Katsoin sanomalehdestä tänään 8,1.2020 siinä kerrottiin että, rikollisjengi pyörittää Turun vankilassa huumekauppaa.

Vankila kulttuurissa täytyy olla jotain pahasti pielessä kun tämän kaltaisia tapahtuu.

Lainsäädäntöä tulee kiristää siten että myös kuolemantuomio olisi lainmukaan mahdollinen ja rikollisjengit eristää niin tehokkaasti etteivät voi bisneksiään hoitaa vankilasta käsin.

Vankiloiden hallintoon ja vartiointiin tullut tahra saa epäilemään muös korruptiota. Koska huumeita tulee vankiloihin jopa henkilökunnan autoissa.

Törkeintä oli kun huumepoliisin päälliköstä tulikin huumekartellin pomo.

Sitä asiaa on selvitelty oikeudessa jo vuosia,
vaikka se on aivan varmaksi todettu asia.

Puolustusasianajajan yrittäessä vakuuttaa
mustan valkoiseksi ja tehdyn tekemättömäksi
sekä syytetyn viattomaksi oikeuslaitoksen
uhriksi.

Eikö tämä ole oikeuden halventamista ja
harhaanjohtamista? Miten yhteiskunnan tulisi
suhtautua ja mahdollisesti rangaista valheel-
lisesta toiminnasta?

Samassa lehdessä myös kerrottiin että,
Espoosta löydettiin tavarankuljetuskontti josta
takavarikoitiin joulukuussa yli 150 kiloa kokaiinia.

Ajatelkaa hyvät ihmiset, monenko ihmisen
henkinen ja fyysinen terveys sekä taloudelliset
asiat sillä määrällä kokaiinia olisi voitu tuhota ja
montako ennenaikaista kuolemaa se olisi aiheut-
tanut.

Kokaiinikauppiaat ovat sananmukaisesti kuo-
lemankauppiaita, ne tulisi hirttää välittömästi.

Samansuuntaisia uutisia on ollut mediassa jo
vuosien ajan. Sen seurauksena suuri yleisö on
jo turtunut eivätkä mitenkään jaksa niihin enään
reagoida riittävästi tai ei lainkaan.

Rasismi ja antisemitismi:

Rasismi on syntynyt jo aivan ihmiskunnan alkuaikoina, joten sitä voidaan pitää myötäsyntyisenä ominaisuutena. Sen motiivina on "kuolemansynnit", kuten viha, kateus, ahneus ja oletus omasta paremmuudesta.

Rasismin käsite on moniselitteinen, eri ihmiset kokevat sen monella eri tavalla. Todennäköisesti myös tämä kirjani voi tuntua joidenkin mielestä rasistiselta, vaikka yritän sitä tietoisesti välttää.

Antisemitismi sai alkunsa, tai ainakin siitä alettiin kirjoittamaan jo 600 luvulla. Se ei silloin vielä ollut kovinkaan merkittävä tai voimakas, mutta vasta Martti Lutherin saarnoista se sai varsinaisen roihun aikaiseksi.

Lutherin kirjaa *Juutalaisista ja heidän valheistaan (Von Juden und ihre Lügen)* on pidetty Lutherin tuotannon häpeäpilkkuna, sillä kirjaan sisältyy "juutalaisten valheiden" kuulemisesta pääsemiseksi kehotuksia esivallalle polttaa juutalaisten synagogia, keräämään juutalaiset kaupungeissa omiin suljettuihin kortteleihinsa (gettoihin) ja viemään laiskat juutalaiset ahkeruuden oppimista varten työleireihin kaupunkien ulkopuolelle. Myös hengen riistäminen juutalaisilta kuului Lutherin kirjassa oikeutettuihin toimenpiteisiin kristinuskon puolesta.

96

Koska Luther katsoi Raamatun nojalla, eli Jumalan sanalla, että muun muassa jumalan-pilkka, kristittyjen eksyttäminen pois Kristuksesta ja esivallan halveksiminen ovat vääryyksiä, hän kehotti esivaltaa rankaisemaan vääryyttä tekeviä juutalaisia.

(Kuitenkin kristityillä ja juutalaisilla pitäisi olla, ainakin periaatteessa sama Jumala, olihan Jeesus, "Jumalan poika", juutalainen. Myös Koraanissa on samoja kertomuksia kuin Juutalaisten Toorassa ja Raamatussa).

Esivallan pitäisi rangaista jumalanpilkasta ja sillä on oikeus puolustaa totuutta ja oikeaa Jumalaa.

Luther itse sanoi kirjoituksessaan *Juutalaisista ja heidän valheistaan,* että häneltä on pyydetty kirjoitusta juutalaisista.

Joidenkin kristittyjen pelättiin horjuvan kristillisestä uskostaan juutalaisen uskonnon puoleen, koska Luther ei ollut ottanut kovin näkyvästi kantaa sitä vastaan. "Minä en soisi, että kristityt antaisivat juutalaisten vietellä itsensä samaan kurjuuteen ja surkeuteen, jossa he itse ovat." (kirjan esipuheessa).

Tämä Lutherin kirjoitus ja saarnat saivat hyvän vastaanoton ja sitä hyödynsi Hitler Natsi liikkeessään.

Ovatko nykyiset uusnatsit edelleen Lutherin oppilaita? Tämä kysymys nostattaa uskonnollisissa piireissä vastustusta, koska eivät tunne historiaa tai eivät voi sitä muutoin hyväksyä.

Varsinkin kun Luterilainen kirkko ja sen papisto hyväksyi sen eivätkä mitenkään estäneet Hitlerin holokaustiin johtanutta ryöstömurhien sarjaa eikä valtavaa kansanmurhaa, vaan papisto itsekin osallistui siihen. Tämä Lutterin oppi vaikuttaa edelleen Eurooppalaiseen antisemitismiin, eli Juutalaisvihaan.

Vaikka Paavi Pius XII toimikin sodan aikana rauhan puolesta ja pyrki auttamaan eri maiden hätää kärsiviä asukkaita ja sotavankeja, kiinnitetään nykyaikana enemmän huomiota hänen vaikenemiseensa Juutalaisten joukkotuhoamisesta. On totta, että Vatikaani tiesi muita valtioita paremmin juutalaisten järjestelmällisestä tuhoamisesta. Sopimus Mussolinin kanssa ja toisen maailmansodan tapahtumat olivat alentaneet paavin arvovaltaa maailmalla, minkä vuoksi sodanaikaista paavia Pius XII:a jopa syytettiin aikanaan natsiksi ja hänen epäiltiin suojelevan natsirikollisia.

Tästä näemme että, holokausti ja natsirikollisuus ei ollut vain Luterilaisten synti, vaan siihen osallistui myös katolinenkin kirkko. Myös islamistit hyödyntävät tätä.

Kuten kirjan alussa jo kerroin että maailmankaikkeutta hallitsee kaksi Jumalaa Jin ja Jang.

Jokaisen tulisi omassatunnossaan tutkia oliko Luther, Paavi ja heidän seuraajansa Jin vaiko Jang Jumalan palvelijoita. Sama koskee myös monia muitakin dokmeja ja niiden kannattajia. Kumman Jumalan palvelija itse olet?

Myös Suomessa on ollut Jumalanpilkka oikeudenkäynti Hannu Salamaa vastaan. Hänen kirjastaan "Juhannus tanssit".

Toisen maailmansodan jälkeen natsiliike tuomittiin kansainvälisesti laittomaksi ja sen jäsenet pyrittiin tuomitsemaan Nyrbergin kansaivälisessä sotarikos tuomioistuimessa.

Valitettavasti tuomituiksi tuli vain muutama henkilö. Varakkaimmat johtajat olivat jo ennen sitä ehtineet paeta (Juutalaisilta varastamansa) ryöstösaaliinsa kanssa ulkomaihin. Kuten Etelä-Ameriikkaan ja muuallekin. Joten valtaosa natseista pääsi kuin koira veräjästä, ilman tuomiota. Sen tähden natsi-ideologia elää tänäkin päivänä monissa maissa ja voimistuu uudelleen.

Suomestakin lähti natsien SS-miehiksi 1400 miestä, joten ei Suomikaan mikään viaton ole.

Myös suomessa uusnatsit jopa järjestävät mielenosoitus kulkueita.

Minulla on mielikuva että Helsngissä poliisi takavarikoi natsikulkueesta heidän natsilippunsa. Persujen johtaja ehätti vaatimaan niiden palauttamista, vedoten kaikenlaisiin vapauksiin, pitäen sitä mielipiteen vapauden riistona. Katso yle.fi / natsi kulkue sivuilta. Marssi tapahtui itsenäisyyspäivänä 6.12 2019. klo 15 alkaen. Siihen osallistui ainakin suomalaisten lisäksi myös ruotsalaisia, virolaisia ja saksalaisia.

Onneksi oli myös vastamielenosoitus. Poliisi esti niiden yhteentörmäyksen.

Juha Mäenpää ei saa syytettä eduskunnassa tapahtuneesta kiihottamisesta kansanryhmää vastaan, syynä on niin kansanedustajien, hallituksen jäsenten ja yleensäkin hallitsijoiden syytesuoja. Demokratian pelisääntöihin kuuluu että, jokainen on syytön siihen asti kunnes oikeuslaitos totea hänet syylliseksi.

Eduskunnassa syytesuojan poistamiseen edustajalta vaaditaan viisi kuudesosan edustajien äänistä. Kuitenkin eduskunta jätti käymättä koko keskustelun ja niin se sai hiljaisen hyväksymisen koko eduskunnalta.

Joten kiihotus kansanryhmää vastaan säilyy sallittuna tekona. Syytesuoja poistaa ihmisten samanarvoisuuden lain edessä. Eli he ovat lain ulottumattomissa. Kuitenkaan kukaan ei saa olla lain yläpuolelle, ei edes presidentti eikä korkeimman oikeuden presidenttikään. Kuinka joku kansanedustaja voi olla lain yläpuolella?

Tämänkin taustalla on ihmisen kapeaalainen putkinäkö. Tuijotetaan vai omaa napaa eikä nähdä kokonaisuutta.

Minun mielestäni suomenkin tulisi noudattaa kansainvälisesti sovittua natsi-ideologian kieltoa ja pidättää ja vangita kaikki uusnatsit ja tuhota kaikki heidän tunnuksensa.

Samaa voisi sanoa myös poliisin hyvin tuntemista rikollisjengeistä. Nyt annettiin ainoastaan rikollisjengille väliaikainen toimintakielto, vaikka tulee ne kieltää pysyvästi ja vangita kaikki.

Koska vankilat on jo nyt täynnä, niin tilan luomiseksi voitaisiin kaikki murhista tuomitut siirtää taivaan iloihin jossa heitä odottaa 70 neitsyttä.

Kuinka niitä riittääkin niin paljon jokaiselle?

Merikapteeni.

Olipa kerran ihana nuori vaimo, joka asui aivan yksinään kauniissa marmorista rakennetussa palatsimaisessa huvilassa lähellä hyvää syvää satamaa.

Vaimon nimi on Laila, se on arabialainen nimi ja tarkoittaa YÖ.

Talossa oli paljon kauniita huoneita ja niissä runsaasti arvokkaita koristeesineitä ja lattioita peitti eripuolilta maailmaa tuodut matot. Seinilekin oli muutama Persialainen silkkimatto ripustettuna.

Vaimon aviomies oli varakas laivanvarustaja, merikapteeni. Hänellä oli oikein suuri purjealus. Jossa oli runsas miehistö.

Mies oli melkei aina matkoillaan kaukomaihin, joissa hän kävi kauppaa. Matkat kestivät muutamasta kuukaudesta jopa vuoden. Kävi matkojensa välissä vain muutaman viikon ihanan vaimonsa luona.

Vaimo rakasti miestään syvästi. Hän toivoi että, mies jäisi kokonaan hänen luokseen ja lopettaisi purjehdukset kaukomaihin. Mies ei kuitenkaan suostunut jäämään, koska kauppamatkat olivat hyvin tuottoisia ja toivat hänelle suuren omaisuuden.

Mies toi aina matkoiltaan vaimolleen ihania lahjoja ja koruja. Hyvittäen niillä vaimoaan.

Vaimo kuitenkin kaipasi ja unelmoi läheisemmästä ja jatkuvammasta yhdessäolosta. Olisi halunnut useammin rakastella aviomiehensä kanssa. Kuitenkin vaimo joutui asumaan aivan yksin kolkolta tuntuvassa talossa.

Aviomies oli järjestänyt hänen ruokailunsa siten että, oli sopinut läheisen merimieskapakan isännän kanssa että, se toimittaa hyvän aterian kaksi kertaa päivässä vaimolle. Tasan kelo kaksitoista ja illalla tasan kekko kuusi.

Aterian toi aina nuori apumies joka ei sanonut sanaakaan. Laittoi vain valkoisen pellavaliinan pöydälle ja kattoi siihen taitavasti aterian kaikki tarpeet.

Meni sitten pieneen sivuhuoneeseen odottamaan siihen asti että, vaimo aukaisi oven merkiksi siitä että, hän oli syönyt.

Sitten apumies nosti pöytäliinan kulmat ylös ja teki siitä nyytin jonka vei pois, jolloin vaimolle ei jäänyt mitään tiskattavaa.

Ei apumies mikään mykkä ollut, mutta häntä oli varoitettu ankarasti puhumasta mitään. Siksi hän ei uskaltanut sanoa sanaakaan vaimolle, vaikka mieli tekikin, peläten menettävänsä tapaamiset ihanan naisen luona.

Talon edustalla oli alkanut maleksia kaunis nuorimies, tuijottaen usein ikkunoihin, toivoen näkevänsä ihastuksensa kohteen.

Eräänä väivänä vaimon tullessa kotiin, oli tämä nuorimies lähestynyt häntä talon edustalla ja ilmaissut suuren ihastuksensa ja väitti rakastuneensa vaimoon.

Mutta vaimo oli torjunut lähentely yrityksen ja sanonut että, hänen miehensä voi tulla minähetkenä tahansa.

Eräänä päivänä kolkutettiin vaimon oveen. Kun hän meni katsomaan kuka kolkuttaa, niin hän näki edessään vanhan merimiehen.

Hänen rakas merikapteeni aviomiehensä oli laittanut jossakin kaukomaalla tämän miehen kuriirikseen toiseen laivaan, joka oli tulossa tähän kotisatamaan.

Kuriirilla oli mukanaan lahja kapteenilta. Kapteeni oli varoittanut häntä katsomasta paketin sisälle ja oli sanonut ettei vaimokaan saa avata pakettia ennenkuin hän on aivan yksin, niin ettei kukaan muu saa tietää paketin sisältöä.

Niin vaimo malttoi mielensä ja keitti merimiehelle valkoista teetä, jonka aviomies oli tuonut Kiinasta. Se oli maailman parasta ja kalleita teetä.

Teen kanssa vaimo tarjosi pürakoita syötäväksi.
Syötyään ja juotuaan merimies meni menojaan.

Miehen mentyä vaimo avasi paketin. Paketissa
oli kaunis jadesta valmistettu rasia. Rasian sisällä
oli jonkinlainen pehmeä pötkäle.

Vaimo ei mitenkään aavistanut eikä tiennyt
mikä lahjan tarkoitus on, mutta arvasi sen olevan
hyvin arvokkaan.

Tämä pehmeä "pötkäle" oli valmistettu kaikkein
hienommasta silkistä. Se oli aivan persikan
värinen. Sen "ihokin", niin sen pinta muistutti
suuresti ihoa. "Iho" tuntui jotenkin väljältä ja
helposti liikkuvalta.

Illalla vaimo meni kylpyyn ja otti miehensä
lahjan mukaansa. Aikoi käyttää sitä pesusienenä,
kun ei keksinyt sille muutakaan käyttöä.

Lämpöisessä vedessä liotessa tämä ihmeellinen
pesusieni alkoi turvota, kasvaen pituutta ja pak-
suutta, tullen samalla vähän kiinteämmäksi, ei
kuitenkaan vielä kovaksi. Pesusienen toinen pää
paisui erityisen paljon. Vaimon mieleen tuli ajatus
että, tämä "patti" muistutti jotenkin hänen miehensä
kiveksiä. Kuitenkin hän arveli sen johtuvan vain
hänen mielikuvituksestaan, koska hän niin kovin
kaipasi aviomiestään. Muuten se kapine oli oikein
mukava ja miellyttävä pesusieni. Lopuksi hän

huuhtoi itsensä ja pesusienen ja kuivasi pyyhkeellä itsensä ja pesusienen.

Illalla vaimo meni vuoteeseen, ilman yöpykua, kuten hänen tapansa oli.

Koska lahja oli mukavan tuntuinen ja oli se hänen mieheltään, niin, niin otti senkin mukaansa ja leikki sillä. Suukotteli sen päätä ja laittoi sen rintijensa väliin puristellen ja hieroen lahjaansa siellä. Yllättäen esine alkoi kasvaa entisestäään ja kovettui. Kun hän katsoi sitä, niin näki että, se oli kuin hänen rakkaan miehensä siitin. Vaimo alkoi nukkumaan, pidellen aarretta käsissään ja mihin lienee muualle sen laittanut. Nyt hän oli läpeensä tyytyväinen. Aamulla kun hän heräsi, tunsi ja näki kalun isona ja kovana.

Meidän luojamme kaikessa viisaudessaan on säätänyt miehelle aamuerektion. Sen tarkoitus on estää tahaton rakon tyhjeneminen vuoteelle. Vaimo vei taikakalun puutarhaan, jossa se ruiskutti illan kylpyveden ulos. Samalla se muuttui samanlaiseksi kuin oli ollut silloin kun vaimo sen ensikerran näki lippaassa.

Ensin hän aikoi palauttaa sen takaisin lippaaseen, mutta alkoi pelätä että, varas voisi viedä sen. Sen tähden hän kiinitti siihen ohuen kultaketjun ja ripusti sen kaulaansa siten että, taikakalu tuli hänen

rintojensa väliin. Napitti kolttunsa niin, ettei
kukaan voinut nähdä mitä aarretta hän povellaan
kantoi.

Muutaman päivän kuluttua, taas kolkutettiin
ovelle. Ovella seisoi taas sama nuorimies suuren
kukkakimpun kanssa, ojentaen kukat vaimolle ja
kertoi suuresta ihastuksestaan ja rakkaudestaan.

Silloin vaimon sydän alkoi takoa kiivaasti ja
hänen rintansa alkoivat hikoilla. Rintojen välissä
oleva taikakalu imi kaiken kosteuden alkaen paisua
ja liikehti rintojen välissä. Silloin vaimo tiesi että,
aviomies on hänen rinnallaan. Silloin hänen täytyi
karkoittaa ihailijansa tylysti. Vaimo laittoi
kätensä rinnoilleen ja rauhoitti ihmekalun.

Vaimo katsoi kukkakimppua ja tunsi kukat
taitetuksi hänen omasta puutarhastaan. Ei hän
kuitenkaan ollut siitä kovinkaan pahoilla.

Tulipa taas eräänä päivänä toinen merimies ja
toi kapteenilta uuden lahjan. Merimies nosti
kankaalla verhotun lahjan pöydälle ja poisti
kankaan. Alta paljastui lintuhäkki jossa oli
värikäs papukaija. Papukaija alkoi visertää ja
sanoi kaikenlaisia outoja sanoja, välillä mekastaen
kuin lauma merimiehiä.

Taas vaimo antoi kuriirille syötävää ja
juotavaa sekä kiitti lahjasta monin sanoin, koska

oli hyvin ihastunut siihen.

Nuorimies oli murheellinen. Tapasi silloin kujalla vanhan luutia myyvän mummon.

Mummo kysyi miksi mies on niin allapäin. Silloin mies kertoi mummolle suuresta rakkaudestaan. Mummo sanoi: Maksa minulle kaksikymmentä dinaaria, niin menen vaimon luokse ja taion hänet suostuvaiseksi.

Mummo olikin todellisuudessa vanha noita-akka joka osasi taikoa monia taikoja.

Sen kuultuaan nuorimies maksoi heti vaaditun summan ja kaivoi vielä taskustaan kultarahan ja näytti sen mummolle, sanoan: Jos onnistut, niin saat vielä tämänkin rahan palkkioksi.

Eukko lupasi lähipäivinä täyttää lupauksensa.

Eräänä päivänä taas oveen kolkutettiin. Silloin papukaija sanoi vaimolle aivan hänen miehensä äänellä: Älä avaa ovea. Nyt vaimo tiesi että, hänen miehensä oli opettanut papukaijalle nänä sanat.

Kuitenkin uteliaisuus voitti ja hän avasi oven. Ovella seisoi vanha luutamummo myymässä luutia.

Mummo kauppasi luutia ja samalla alkoi kertomaan kuinka suuresti nuorimies ihaili ja rakasti vaimoa, tehden samalla taikojaan, joilla olisi saanut vaimon halukkaaksi nuorelle miehelle.

Kuitenkin aviomiehen lähettämä taikakalu oli vieläkin voimakkaampi ja esti noidan noitumiset.

Silloin vaimo tarttui yhteen mummon luudista ja antoi mummon käteen kymmenen dinaaria, se oli aivan liian suuri maksu luudasta, mutta sellainen raha vaimon taskussa sattui olemaan silloi.

Mummo laittoi rahan taskuunsa ja vasta silloin huomasi että, vaimo oli ottanut hänen taikaluutansa, joka totteli vain omistajaansa.

Koska vaimo oli sen maksanut ja mummo laittanut rahan taskuunsa, niin silloin luuta totteli vain vaimoa, joka oli sen uusi omistajansa.

Niin vaimo hääti noidan pois talostaan luudan avustamana.

Jos vaimo olisi tiennyt, niin luuta olisi lennättänyt hänet vaikka maailman ääriin miehensä luokse, mutta noita ei ollut sitä kertonut hänelle.

Luuta jäikin ulkoportaille vahtimaan, ettei kukaan asiaton voi tulla kolkuttamaan ovea.

Vihdoin aviomiehen laiva saapui kotisatamaan ja aviomies tuli kiireesti kotiinsa neljän ystävänsä kanssa.

Vaimo kuuli ulko-ovelta aikamoista meteliä ja kiiruhti katsomaan mikä aiheutti metelin. Hän näki rakkaan miehensä neljän muun miehen kanssa tappelevan luutaa vastaan, joka ei päästänyt miehiä ovelle. Silloin vaimo kutsui luutaa, joka tulikin heti hänen käteensä ja rauhottui. Niin miehet pääsivät turvallisesti taloon.

Voi sitä riemua tästä ennalta-arvaamattomasta tapaamisesta. Vaimo kertoi miehelleen tarkasti kaikki mitä oli hänen poissa ollessaan tapahtunut.

Silloin vihdoinkin mies oivalsi että, kotona oli odottanut kaikkein uskollisin, arvokkain ja rakkain aarteensa.

Silloin hän päätti jäädä pysyvästi kotiinsa. Myi laivansa lasteineen ja miehistöineen. Otti mukaansa vain laivakokin, perämiehen ja kaksi luotettavaa ruorimiestä, jotka kaikki olivat hänen parhaita ystäviään.

Koska talossa oli runsaast vapaita huoneita, niin kapteeni antoi jokaiselle oman huoneen asuttavaksi.

Vaimon aviomies kysyi missä on hänen lähettämänsä jaderasia ja sen sisältö? Silloin vaimo otti taikakalun rintojensa välistä ja antoi sen miehelleen.

Mies sytytti uuniin tulen. Kun hiillos oli parhammillaan, niin silloin mies laittoi taikakalun hiillosten päälle, jossa se paloi tuhkaksi. Samalla sen taikvoimat leijailivat aviomiehen sisään. Näin taikakalu oli käynyt täysin tarpeettomaksi, koska aviomiehellä oli nyt sama taika hallussaan.

Kun hiilos oli sammunut ja jäähtynyt, niin mies etsi tuhkan seasta kultaketjua. Se olikin sulanut yhdeksi möykyksi. Puhdistettuaan sen, huomasi sen muistuttavan elävästi pientä ihmis sydäntä. Vaimo laittoi sen jaderasiaan muistoksi. Laittoi rasian makuuhuoneen ikkunalaudalle.

Kun aamu-auringon säteet osuivat rasiaan, niin siitä heijastiu ihmeellistä valoa koko huoneeseen.

Laivakokista tuli heidän kokkinsa ja perämiehestä hovimestari.

Ruorimiehet alkoivat huolehtimaan talon ja puutarhan hyvästä hoidosta.

Iltaisin he kokoontuivat kertomaan toisilleen seikkailuistaan maailmam merillä ja kaukomailla.

Tarinat olivatkin uskomattoman värikkäitä ja kiehtovia. Niin vaimo ja aviomies ystävien ympäröiminä elivät onnellisesti elämänsä loppuun saakka.

Kapteeni määräsi etsimään hullaantuneen nuorenmiehen ja noita-akan.

Tehtävä ei ollut lainkaan vaikea, koska nuorimies edelleen norkoili talon lähettyvillä.

Noita ei päässyt pakenemaan, koska oli vahingossa myynyt taikaluutansa ja sen mukana suurimman osan taikavoimistaan.

Merimiehet tekivät nuorestamiehestä eunukin ja myivät hänet noidan kanssa orjamarkkinoilla kaukaisen maan haaremiin.

Haaremissa Ruhtinas itse tarkasti miehen ja totesi hänet eunukiksi. Niin miehestä tuli haaremin vartija. Noita joutui haaremin siivoojaksi.

Noita alkoi katumaan tekemiään syntejään ja aneli Jumalalta armoa jos hän onnistuu palauttamaan nuorenmiehen miehisyyden ennalleen.

Noita kysyi myös kaikilta haaremin orjattarilta, osaavatko he säilyttää tämän suuren salaisuuden?

Jokainen heistä vannoi, ottaen Jumalan todistajakseen että, he pitävät salaisuuden ikuisesti piilossa, niin ettei Ruhtinas, eikä hänen kätyrinsä saisi sitä koskaan tietää.

Noidalla oli vielä tallessa hänen parantaja taikansa. Niin noita alkoi tehdä taikojaan ja miehen poisleikatut osat alkoivat hitaasti kasvaa takaisin. Jo kahden vuoden kuluttua nuorimies oli jälleen entistä ehompi ja miehekkäämpi.

Muutaman vuoden kuluttua Ruhtinas oli onnellinen, koska oli saanut vielä vanhoilla päivilläänkin onnistunut siittämään kaksitoista lasta, toivoen vielä lisääkin.

Sen pituinen se.

Ihmiskunnan tulevaisuus.

Avaruustieteilijät unelmoivat Mars planeetan asuttamista, vaikka se on jo valmiiksi kuollut planeetta jossa ei ole luontaisia elämän mahdollisuuksia. Sinne olisi vietävä kaikki tarpeellinen keinotekoisiin suljettuihin tiloihin.

Projektin taustalla on ajatus siitä että, kun maapallo tuhoutuu, niin sieltä saadaan uusi turvapaikka aivan pienelle eliittiryhmälle, muut saavat selvitä miten tahansa tai olla selviämättä.

Avaruustieteilijät kertovat myös että, aikanaan aurinko alkaa kuolemaan ja sen kuolonkamppailun seurauksena aurinko kasvaa niin suureksi että, se nielaisee maan ja kaikki muutkin aurikokuntamme planeetat itseensä, joten myös Mars planeetta tuhoutuu ja sen mukana "uusi uljas kansa".

Joten tämäkin suuri rahantuhlaus menee aivan hukkaan.

Jotenkin vielä voisi ymmärtää jos näköpiirissä olisi joku muu maapallon kaltainen planeetta jossakin toisessa aurinkokunnassa, jos se olisi maapallon kaltainen ilmastonsa ja luonnon monimuotoisuudessa, eli siellä olisi juomakelpoista vettä ja syötäväksi kelpaavaa ravintoa saatavissa.

Jos sellainen jostain löytyy, niin se on kuitenkin niin kaukana että, matka sinne veisi vuosikymmeniä tai satoja, vaikka matka taittuisikin lähes valon nopeudella. Matka olisi myös niin vaarallinen että, se saattaisi tuhoutua jo matkan alkuvaiheessa.

Jos kohde löytyisi valovuoden etäisyydeltä ja rakettimme keskinopeus olisi vain 1% valonnopeudesta, niin matka kestäisi 100 vuotta.

Kuinka rakettiin saisi riittämään muonan ja veden sekä muutkin tarpeelliset ja paljonko matkustaja määrä olisi kasvanut matkan aikana? Vai olisiko se kuollut jo ennen perillle tuloa? Ainosataan perille pääsisivät virukset ja baktaarit.

Eli paljon on kysymyksiä, mutta hyvin vähän vastauksia.

Onko tämän kaltainen pohdiskelu mitenkään välttämätöntä ja tarpeellista vai onko se pelkkää veroina kerätyn rahan tuhlausta jolle ei saada ikinä mitään vastinetta.

Paljon jäi vielä kirjoittamatta!

Jotta ei jäisi liian monta tyhjää sivua kirjan loppuun, niin kirjoitan tähän pienen sivun täytteen.

Kirjoitan kirjaa,
muistelen Mirjaa.
Missähän lienee
Irmakin kirmaa.